Cómo dejar de romperte el corazón

MEGGAN ROXANNE

fundadora de la comunidad *The Good Quote*,
con +25M de seguidores en IG

Cómo dejar de romperte el corazón

Una guía que desearías
haber leído antes de terminar destrozada

DIANA

Título original: *How to Stop Breaking Your Own Heart*

Copyright © 2024, Meggan Roxanne
Publicado originalmente en 2024 por Hay House UK, Ltd.

Traductor: Carlos Díaz
Formación: Mariana Castro
Diseño de portada: Planeta Arte & Diseño / Estudio Land
Fotografía de la autora: © Cortesía de la autora

Derechos reservados

© 2025, Editorial Planeta Mexicana, S.A. de C.V.
Bajo el sello editorial DIANA M.R.
Avenida Presidente Masarik núm. 111,
Piso 2, Polanco V Sección, Miguel Hidalgo
C.P. 11560, Ciudad de México
www.planetadelibros.com.mx

Primera edición impresa en México: junio de 2025
ISBN: 978-607-39-2958-5

No se permite la reproducción total o parcial de este libro ni su incorporación a un sistema informático, ni su transmisión en cualquier forma o por cualquier medio, sea este electrónico, mecánico, por fotocopia, por grabación u otros métodos, sin el permiso previo y por escrito de los titulares del *copyright*.

Queda expresamente prohibida la utilización o reproducción de este libro o de cualquiera de sus partes con el propósito de entrenar o alimentar sistemas o tecnologías de Inteligencia Artificial (IA).

La infracción de los derechos mencionados puede ser constitutiva de delito contra la propiedad intelectual (Arts. 229 y siguientes de la Ley Federal del Derecho de Autor y Arts. 424 y siguientes del Código Penal Federal).

Si necesita fotocopiar o escanear algún fragmento de esta obra diríjase al CeMPro (Centro Mexicano de Protección y Fomento de los Derechos de Autor, http://www.cempro.org.mx).

Impreso en los talleres de Corporación en Servicios
Integrales de Asesoría Profesional, S.A. de C.V.,
Calle E # 6, Parque Industrial
Puebla 2000, C.P. 72225, Puebla, Pue.
Impreso y hecho en México / *Printed in Mexico*

Dedico este libro a mi difunta madre,
Janette Carol Harewood, mi epítome del amor.
Fuiste fenomenal. Descansa en paz, amor mío.
Te deseo un amor eterno e imperecedero.
MEGGIE.

xxxxxxxxxxxxxxxxxxxxxxxxxxxxxxx**xxxx**[*]

Todo está bien. Gracias de corazón.

---

[*] Cuando mi mamá y yo nos escribíamos cartas, agregábamos una *x* extra cada año. La 32.ª *x* aparece en negritas porque esa es la edad que yo tenía cuando mi mamá falleció.

Índice

11 Introducción

1 Así rompemos nuestro propio corazón

19 Nuestra felicidad depende de los demás
27 Creemos en el mito de la «perfección»
37 En lugar de seguir nuestra propia visión, seguimos la que otros tienen respecto a nuestra vida
45 Permanecemos en nuestra zona de confort por temor a lo desconocido
51 Nos perdemos de vista a nosotros mismos y a nuestro propósito
59 Nos enojamos con los demás cuando no cumplen nuestras expectativas
63 Carecemos de amor propio y nos volvemos vulnerables ante los apegos dañinos
69 Alimentamos al monstruo del ego

2 Así comenzamos a sanar nuestro corazón

79 Recordamos que nuestra relación más importante es con nosotros mismos
89 Volvemos a comenzar cuando lo necesitamos
95 Decimos «sí» a experiencias nuevas
103 Asimilamos la soledad como un medio para volver a conocernos
109 Percibimos el pedir ayuda como un superpoder

117 Nos perdonamos a nosotros mismos por conformarnos con menos de lo que merecemos
123 Aceptamos que está bien dejar atrás ciertas amistades al madurar
131 Nos brindamos apoyo a nosotros mismos y asimilamos nuestro poder

3 Así enriquecemos y protegemos nuestro corazón

145 Seguimos nuestra intuición
153 Somos gentiles con nuestros aspectos menos agradables
159 Vivimos con intención
167 Reclamamos nuestro tiempo
175 Confiamos en el proceso y entendemos que las cosas requieren tiempo
181 Reconocemos el poder del perdón
187 Dejamos ir el control y permitimos que el destino haga su parte
193 Aprendemos a soltar cuando es necesario

201 Conclusión
209 Agradecimientos

Introducción

La sanación nos sorprende de manera agradable cuando menos lo esperamos.

Para mí, la sanación llegó una mañana fresca de otoño durante una de mis caminatas matutinas en el parque. Cuanto más me internaba en el bosque, mayor era el silencio. Cuando mis pensamientos empezaron a calmarse, los sonidos naturales a mi alrededor me obligaron a detenerme y asimilar mi entorno. En ese momento de soledad, acepté la realidad de lo pacífica que se había vuelto mi vida. Me sentí abrumada al apreciar que por fin había alcanzado un momento en mi vida en el que podía reconocer el progreso logrado durante años. Había manifestado llegar a ese nivel de paz, y ahí estaba, justo en medio de ello. Fue un momento de profunda gratitud, una oportunidad de reconocer la calma y la belleza que todavía podía ofrecerme la vida.

En 2014, cuando comencé The Good Quote en Instagram, mi misión era clara: crear un santuario digital en el que las personas pudieran encontrar una fuente de palabras significativas y enriquecedoras con las que resonaran. Durante ese periodo, libraba mi propia batalla con la depresión y realmente sentía la necesidad de una comunidad digital de apoyo. Como no encontré ningún foro o espacio que me brindara consuelo, cultivé uno propio. No esperaba que la respuesta fuera tan extensa. El contenido que generé cruzó fronteras y culturas, y alcanzó a millones de vidas en todo el mundo.

Hice equipo con un grupo de escritores y creadores de contenido emergentes, quienes todos los días contribuyeron de manera generosa con sus palabras, y la respuesta fue abrumadora. Nuestra audiencia creció exponencialmente, las celebridades se convirtieron en visitantes frecuentes e incluso provocamos una tendencia mundial: las personas remplazaron sus fotos de perfil con citas que expresaban de la mejor manera sus emociones. El impacto fue mayor de lo que había anticipado, y supe que había creado un espacio que genuinamente reconocía y validaba los sentimientos de las personas. La importancia de eso fue reveladora.

Nunca olvidaré el día en que recibí el mensaje de una madre cuya hija se había suicidado. Me expresó su gratitud por nuestra comunidad tras haber encontrado una carpeta titulada «Esperanza» en la laptop de su hija, llena de contenido inspirador que incluía muchas frases de nuestra plataforma. Ese momento me afectó profundamente y me sirvió como recordatorio de que unas cuantas palabras compasivas pueden ser un faro de luz en las horas más oscuras de una persona.

Cuando comencé The Good Quote, no pretendía atender a un grupo demográfico en específico. Mi meta era crear una comunidad que uniera a las personas a través de las experiencias emocionales que todos compartimos, pero de las que rara vez hablamos. El proyecto surgió de la intuición y su éxito fue una señal clara de que había tocado algo que hizo eco en una audiencia más amplia.

Es reconfortante ver que debajo de las diversas capas que nos hacen diferentes, ya sea la edad, el trasfondo cultural o las creencias personales, todos compartimos experiencias emocionales.

Todos tenemos altibajos, momentos de felicidad y también de dolor. Todo está conectado y es bello.

Quiero que este libro contenga la misma esencia que The Good Quote; quiero que tejamos juntos dichas experiencias universales para guiarnos a través de las complejidades de la vida. Espero que haya al menos una historia —si no es que más— que resuene en ti para que puedas sentirte visto, comprendido y menos solo. Anhelo generar muchos momentos del tipo «Ah, sé exactamente a lo que te refieres»; pero, más que nada, deseo que este libro sirva como un gentil recordatorio de que, sin importar el tipo de desafíos que enfrentes, posees la resiliencia y la capacidad para superarlos, porque todos somos capaces de enfrentar cualquier reto que se nos presente.

Atravesé las trincheras del trauma y sigo viva. Experimenté situaciones intensas en mi vida y rompí mi propio corazón muchas veces, a través de éxitos y fracasos, alegría y desesperanza, amor y pérdida, autodescubrimiento y dudas. Pero al experimentar todos estos altibajos, algo profundo surgió de mi interior. En cada una de las vicisitudes de mi viaje, aprendí que lo que me permite progresar es mantenerme abierta y vulnerable.

Te lo aseguro, la vulnerabilidad es una fortaleza que subestimamos a menudo. Cuando elijo ser vulnerable al mostrar empatía o paciencia, no es para evitar conflictos; al contrario, creo un espacio para el entendimiento. Por ejemplo, si alguien cercano pasa por un periodo turbulento y toma decisiones que afectan su bienestar, ser vulnerable y compartir una experiencia personal me permite recordarle que no está solo y que también puede superar esa dificultad. Cuando nos permitimos ser vulnerables, nos abrimos a una fuerza increíble y poderosa.

Aunque escribir este libro y compartir mis sentimientos más profundos contigo es una de las experiencias más abrumadoras y desafiantes de mi vida, soy plenamente consciente de que ser vulnerable de esta forma también es una de las cosas más empoderantes que puedo hacer. No voy a fingir que lo he descifrado todo, porque no es así. Todavía hay momentos en los que me descubro repitiendo hábitos dañinos, por ejemplo, la procrastinación, mi escape automático cuando la vida se complica demasiado. A veces me convenzo de que los demás tienen un control perfecto sobre sus vidas y yo no, lo que me lleva a imponerme estándares imposibles y terminar abrumada y estresada. En esos momentos, suelo sentarme y preguntarme: «¿Cómo pretendo enseñarle a los demás a no romper sus corazones cuando yo misma sigo aprendiendo a no hacerlo?».

Cometo errores y hay ocasiones en las que todavía tengo dudas; después de todo, soy humana. Pero he llegado a comprender que la sanación es un viaje que nunca termina. Sanar requiere esfuerzo diario para remplazar los mecanismos de defensa dañinos por hábitos saludables y enfrentar los miedos que surgen con los cambios positivos. Tal vez haya mucho dolor en el pasado, pero eso no significa que no podamos progresar y construir vidas significativas.

Escribir este libro no fue un proceso sencillo. Lo único que alimentó mi persistencia y me hizo seguir adelante fue imaginar un momento en el futuro donde estuviera sentada en un tren en hora pico frente a alguien completamente absorto en las mismas páginas que lees ahora. Pensar en ese lector futuro —o sea, *tú*— me llenó de alegría, nerviosismo y emoción pura.

Mi madre era una ávida lectora; de hecho, mi pasatiempo favorito era acurrucarme en la cama mientras ella me leía en voz alta. Ella tenía la increíble habilidad de perderse en un buen libro; su risa llenaba el cuarto mientras descubría y se sumergía en la historia de un nuevo autor. A través de ella conocí el poder transformador de los libros. Pueden mejorar tu ánimo, cambiar tu vida y darte acceso a la experiencia de otra persona, lo que implica una nueva perspectiva del mundo.

Así que espero de verdad que este libro sea para ti como un abrazo cálido y te sirva como recordatorio de que cada desafío, cada obstáculo y cada dolor que atraviesas tiene un propósito.

Incluso si estás a kilómetros de distancia de donde deberías estar, solo recuerda siempre que tienes el poder y la capacidad de volver a tu ser, a ti mismo.

Ya es hora de dejar de rompernos el corazón. Averiguaremos por qué lo hacemos, describiremos los primeros pasos hacia la sanación y, por último, trabajaremos para construir una vida en la que el cuidado personal y la protección de nuestro corazón sean innegociables. Espero que estas páginas te sirvan como recordatorio de que todo lo que ocurre en tu vida tiene un propósito. Este libro es para ti, una herramienta que te acompañará en tu viaje y dará la bienvenida, con los brazos abiertos, a quien realmente eres.

1

Así rompemos nuestro propio corazón

Al elegir este libro, diste un maravilloso paso hacia el reconocimiento de que algo en tu vida no está funcionando como lo deseas: hay algo en tu interior que no está resuelto. Quizá la portada hizo eco en ti y sentiste la sinergia entre el título y las intenciones que estableciste para tu proceso de sanación.

Embarcarte en un viaje de mejora personal y sanación emocional es una decisión consciente y un increíble acto de valentía. No obstante, antes de comenzar el proceso de reparar y proteger nuestro corazón, debemos entender cómo y por qué terminamos rompiéndolo. Tal vez no sabes cómo llegaste a este punto, o quizá enfrentaste situaciones que alteraron gravemente tu vida y te dejaron fragmentado, estancado o confundido. Cada uno de nosotros tiene una historia personal, un pasado que influye de manera continua en nuestro presente.

En esta sección, exploraremos nuestros patrones de pensamiento y sentimientos, removiendo capa tras capa para entender sus orígenes e influencia. En cada capítulo, te formularé una pregunta que deberás meditar. Las preguntas son invitaciones a la introspección y están diseñadas para alentarte a pausar y reflexionar. Considero que esta práctica es parte esencial del proceso de sanación, ya que te permite conectar con tu yo interior, entender tus experiencias y facilitar tus primeros pasos a lo largo de este viaje.

Nuestra felicidad depende de los demás

El recuerdo más antiguo que tengo de una ruptura de corazón se remonta a cuando tenía 4 años. Mi abuelo me dijo que no me quería. Todavía recuerdo la confusión inicial mientras intentaba procesar las emociones que sentía. Sí, estaba herida, pero este dolor era nuevo; sentía como si mi corazón se hubiera partido en dos.

Era mi primera semana de escuela, un momento que normalmente está lleno de la alegría de hacer nuevos amigos y aprender cosas diferentes. Debido a compromisos laborales, mi mamá no pudo recogerme ese día, así que mi abuelo se presentó en su lugar. Estaba ansiosa por contarle mi día y todas las cosas maravillosas que habían sucedido, pero su respuesta, dicha con un fuerte acento trinitense, simplemente fue: «Eso no me importa». Mi abuelo siempre se sentía miserable, así que no le presté mucha atención, pero cuando llegamos a casa, el ambiente se volvió más pesado. Todavía estaba emocionada, de modo que continué hablándole y siguiéndolo a todas partes. Fue entonces cuando se arrodilló, me miró directamente a los ojos y dijo: «Eso no me importa. No te quiero. Cierra la boca y ve a esperar a que tu madre llegue».

Corrí a la sala y me acurruqué en una esquina del sillón. Esperar a mi mamá se sintió como una eternidad: cada minuto que pasaba estaba repleto de confusión y mi mente era consumida por una sencilla pregunta: «¿Qué hice mal?».

Ese es mi primer recuerdo significativo; es duro, ¿verdad? Y aunque es difícil cargar con él, ha tenido un papel importante en la forma en que percibo ciertas cosas. Esta experiencia me dio claridad respecto a lo complejas que pueden ser las emociones y las relaciones humanas. Tan doloroso como fue, sirvió como una lección cruel: el amor no siempre está garantizado, incluso si crees que debería estarlo; en especial en lo que respecta a la familia, tu primera comunidad, de quienes naturalmente se espera que ofrezcan amor y protección incondicionales.

Verás, mi abuelo era un hombre abusivo y, por desgracia, mi madre sufrió la peor parte de su ira. Atestiguar ese abuso siendo niña me rompió el corazón y, a la vez, me abrió los ojos. La relación que tenía con mi mamá, Janette, fue el cimiento sobre el que se edificó mi vida. Ella era mi mundo y nuestro vínculo era mi santuario. Mi madre era una mujer sobresaliente, pero no solo por el amor incondicional que me brindaba; también demostraba una fortaleza increíble cuando la vida se volvía complicada. A pesar de su difícil pasado, se convirtió en un ejemplo viviente de lo que significa superarse.

Incluso con la pesada carga de su historia, mi madre fue un símbolo de resiliencia e independencia. Me crio por cuenta propia después de separarse de mi padre, quien no estaba presente en nuestras vidas ni era una influencia positiva; su trabajo como contadora le permitió ofrecerme un mejor futuro; dedicó tiempo y recursos a mi crianza, al brindarme oportunidades que nunca tuvo.

Lo que más me impresionó fue el tiempo personal que sacrificaba. Como madre soltera, sus momentos de soledad y ocio eran escasos. Pese a ello, mi mamá se aseguraba de tener tiempo para ella en las mañanas y las noches: un no negociable que no solo llegué a respetar, sino que también incorporé en mi rutina diaria hasta hoy día. También había ciertas ocasiones en las que contrataba a una niñera para salir de noche con sus amigas. Me sentaba en el borde de su cama, asombrada y cautivada por su transformación mientras se arreglaba. El aire se llenaba con el aroma de su perfume favorito, Poison, y por un momento parecía liberarse del estrés; lucía radiante y llena de felicidad.

Para mí, siempre éramos nosotras dos contra el mundo. La vida de mi madre fue bastante difícil, pero su espíritu, su resiliencia y su amor dieron forma a la persona que soy en el presente, y le estoy eternamente agradecida por ello.

Nacida cerca de la calle Coffee —o «el Café»— en San Fernando, Trinidad y Tobago, mi madre experimentó una niñez llena del amor que le brindaba la convivencia comunal. Fue criada por su abuela, Evelyn, y creció en una casa hecha de madera que compartió con sus hermanos, tías y tíos. Su crianza fue humilde pero feliz. Evelyn dividía todo lo que compraba en cuatro partes y lo compartía con sus nietos. Había tanto amor en ese hogar que ni siquiera notaban que eran pobres.

Sin embargo, su vida dio un giro dramático a los 16 años cuando se reunió con sus padres en Inglaterra, quienes habían emigrado años atrás durante la era Windrush. Lo que debía ser una bella reunión pronto se convirtió en una pesadilla. Verás, los padres de mi mamá —mis abuelos— no eran una pareja como cualquier otra, sino que eran narcisistas y usaban prácticas crueles de división y manipulación.

El hogar familiar no era un santuario, al contrario, era un campo de batalla donde todos los días ocurrían abusos psicológicos y de otro tipo. Las golpizas eran frecuentes. De hecho, el día en que mamá llegó, fue golpeada brutalmente y obligada a tallar el piso de la cocina. Cuando terminó, la llevaron a su cuarto. Mientras desempacaba, miró por la ventana y quedó cautivada por la arquitectura única que resultaba tan diferente de lo que había conocido en casa. Por primera vez, vio filas y filas de casas adosadas que se extendían hacia la distancia y formaban un laberinto del que nunca podría escapar. Ese sería su primer recuerdo de Inglaterra.

Al ser la hija mayor, mi madre llevó una carga injusta de responsabilidades y obligaciones. Sus roles en la dinámica familiar eran ser chivo expiatorio y cuidadora. Esta fue la dura realidad que enfrentó al crecer, completamente diferente a los recuerdos nostálgicos de Trinidad; sin embargo, su espíritu se mantuvo intacto. Al pasar los años, se liberó de esa casa y construyó una vida nueva para sí misma, una que incluía un trabajo respetable, amigas que consideraba hermanas y, por último, el inicio de su propia familia. Pero dejar la casa familiar no la liberó inmediatamente de los lazos mentales y emocionales que la conectaban con su familia. Le tomó muchos años escapar del daño que ensombreció su vida.

Liberarse de la disfunción familiar

Desde niña, atestigüé de forma directa la lucha de mi madre con su familia. A menudo era generosa con ellos, incluso si la herían y decepcionaban una y otra vez. Mis tías buscaban mucho su apoyo, pero no eran recíprocas en cuanto al cariño y el respeto. Se aprovechaban de su gentileza, eran groseras con ella y la menospreciaban, haciéndola sentir aislada y emocionalmente drenada. Lo único que ella quería era replicar el entorno familiar feliz que había conocido mientras vivía en Trinidad, y para lograrlo se ponía a disposición de sus hermanas constantemente, incluso si esto le producía un desgaste emocional.

Yo podía ver lo triste que se sentía después de interactuar con ellas. Mi mamá acudía a terapia para mejorar su situación y, por un tiempo, parecía estar en camino hacia la sanación. Pero entonces, de forma inevitable, una llamada telefónica la devolvía al círculo tóxico, lo que detonaba otra vez el mismo ciclo doloroso. Al ser una niña, yo me sentía conflictuada. Una parte de mí esperaba que la trataran diferente, mientras que otra le rogaba que no les respondiera. Siempre se sentía obligada a estar presente y apoyarlas, y a menudo decía: «¿Qué puedo hacer? Son mi familia».

Para darle algo de alegría y luz a su vida, hice todo lo que pude para que sonriera. Aprendí a contar chistes solo para hacerla reír. Perfeccioné mis habilidades de escritura y todos los días después de la escuela le escribía historias breves para que las leyera por las noches. Ella me amaba demasiado, y lo único que yo quería era verla feliz.

No fue hasta que cumplió 60 años cuando mi madre comenzó a dirigir hacia sí misma el amor y la atención que siempre le había dado a su familia. Te contaré sobre este viaje más adelante. En cuanto a mi abuelo, pasaron dos décadas antes de que lo volviera a ver. El día en que decidió decirme la verdad fue un momento decisivo. Cuando mi mamá llegó por mí, percibió que algo andaba mal, actuó de inmediato y me retiró de ese entorno dañino sin dudarlo. Me defendió, me protegió y luchó por mí, y en ese momento me di cuenta de que podía confiarle todo. Esa experiencia solidificó mi confianza en mamá y enfatizó su compromiso hacia mí y mi bienestar.

La trampa de complacer a los demás

Cuando somos jóvenes, es natural que busquemos en los demás nuestro propio sentido de felicidad. Yo tuve la fortuna de contar con una madre amorosa que creó una comunidad enriquecedora y llena de amor y de conexiones genuinas, por lo que nunca sentí la ausencia de mi familia biológica extendida. Aprendí muy pronto que eran incapaces de demostrar formas sanas de cariño y no poseían siquiera la habilidad de recibir, honrar y experimentar amor genuino. Lo único que vi fue el compromiso de mamá de apoyar a su familia sin recibir nada a cambio.

Así, me convertí en un reflejo de sus hábitos, porque lo que vemos y experimentamos de forma repetida llega a asentarse en nuestro subconsciente y moldea de forma profunda lo que somos.

> Sin intervención, el impacto de nuestra crianza puede durar toda una vida, dando forma a nuestras conductas, a nuestros valores e incluso a nuestros límites emocionales.

Durante la mayor parte de mi vida, estuve estancada en un ciclo en el que complacía a los demás y dependía de que ellos dieran felicidad a mi vida. La idea de establecer límites me asustaba porque de verdad creía que hacerlo alejaría a las personas. Me resulta difícil aceptar ayuda, regalos o cualquier cosa sin sentir una profunda necesidad de ser recíproca de inmediato. Esto me llevó a sobrecompensar y estar demasiado disponible, como si mi valor dependiera de lo rápido que podía responder a los demás. Mi teléfono permitía que los demás tuvieran un acceso total a mí, y yo respondía cada vez que aparecía una notificación. Al alejarme de mis propias necesidades, me hundí más en las obligaciones que sentía hacia los demás. Pero esto no tenía que ver solo con la disponibilidad: quería ser una salvadora para quienes les era difícil pedir ayuda. Empatizaba a un nivel tan profundo que adoptaba el papel de heroína sin que me lo pidieran, lo cual me hacía sentir valorada, y por ello nunca decía *no*.

Pero con el tiempo, esta búsqueda constante de validación externa no me hizo sentir feliz ni realizada. Dar prioridad a otros por encima de mí produjo oleadas de agotamiento emocional que, al manifestarse, me hacían sentir vacía y poco apreciada, lo que contribuyó todavía más a mis inseguridades. Me enamoraba del *potencial* de los demás y dedicaba años de mi vida a tratar de «salvarlos»; esto derivaba en codependencia y situaciones abusivas. Me di cuenta de que daba más de lo que recibía y, al final, comencé a entender el valor de ponerme a mí misma en primer lugar y establecer límites claros.

Descifrar los patrones de la codependencia: ponte en primer lugar

Es natural buscar una comunidad en los demás, siempre y cuando no sea en detrimento de nosotros mismos. Muchos nos aferramos a relaciones con el fin de obtener aprobación y aceptación, sacrificando partes de nosotros mismos en el proceso. Cuando nos sentimos incompletos, resulta tentador creer que recibir amor de alguien más llenará ese vacío, como si la compasión ajena pudiera sanarnos más que la propia. Por ello, hacemos grandes esfuerzos solo para sentirnos amados; sin embargo, eso no es amor, sino dependencia, y no es una forma sana de vivir.

> ¿Alguna vez has ignorado tus propias necesidades solo para que alguien más sea feliz, incluso si sientes que te traicionas a ti mismo?

Esa sensación de traición es una advertencia amable de tu intuición, una alerta de que las decisiones que estás tomando no se alinean con tus intenciones. Al no ser honesto contigo mismo, caes en el mismo patrón de poner a los demás antes que a ti. Es hora de que dejes de romper tu propio corazón y te pongas a ti mismo en primer lugar.

Creemos en el mito de la «perfección»

Mi obsesión con el perfeccionismo me frenó e impidió que alcanzara el nivel de éxito que sabía que podía lograr. Lo sé, a muchos no les parece algo tan profundo, pero permíteme explicarlo.

De niña fui bastante problemática y difícil de criar, y mis primeros años de primaria fueron turbulentos. La escuela fue mi primera exposición al mundo exterior (más allá de lo poco que había llegado a ver junto a mi familia), y lo que vi me hizo enfurecer profundamente. ¿Era la única niña sin un papá? ¿Por qué mamá no podía ir por mí a la escuela? ¿Por qué nadie me esperaba ansiosamente en la entrada para recogerme? Cuantas más cosas notaba, más me enojaba, y manifesté mi enojo convirtiéndome en la niña abusiva de la clase; aterrorizaba a los niños que tenían lo que a mí me faltaba.

Mi comportamiento le pasó factura a mi mamá. Se sintió tan abrumada que incluso amplió su horario laboral y gastó más en guarderías solo para eludir las inevitables discusiones que la esperaban al llegar a casa. Yo estaba enojada, pero mi ira estaba justificada. Soy el tipo de persona que detesta ignorar las cosas y necesito saber todos los detalles para poder llegar a mis propias conclusiones; de lo contrario, busco la verdad continuamente. Me sentí descartada por la ausencia de mi padre, un hombre que, como mamá descubrió más tarde, era conocido por abandonar a sus múltiples familias.

Nunca conocí a mi padre. Desde muy pequeña tuve el presentimiento de que nuestro primer encuentro sería en su funeral y, quién lo diría, tuve razón. Vi su funeral por YouTube mientras estaba atrapada en Trinidad debido a la pandemia. ¿Me sentí triste por su fallecimiento? Bueno, pregúntate esto: ¿cuándo fue la última vez que le lloraste a un completo extraño?

Pero admito que sentía curiosidad respecto a él. Por primera vez, sentí curiosidad por el sonido de su risa y el tono de su voz. ¿Tenía el mismo acento que mamá? Al parecer, era gracioso; me pregunté cómo expresaba su humor y si teníamos algún manierismo similar. Sin embargo, ni una sola vez me arrepentí de no haberlo conocido. Lo mejor que mi padre hizo por mí fue dejarnos a mamá y a mí solas. Algunos de mis hermanos tienen heridas emocionales debido a sus visitas esporádicas, promesas rotas y largas desapariciones, pero yo pude evitar todo eso.

Mi madre me contó maravillas de mi padre a lo largo de mi vida. Al haber sido amigos por años, tenía muchas historias hermosas sobre él. Ella lo amaba. La hizo feliz por un tiempo, y yo fui planeada y concebida con amor. Mamá siempre aseguraba que éramos muy similares y le atribuía mi creatividad. Al crecer, la ira que sentía contra él se convirtió en simple decepción por no haber sido el hombre que debió ser.

A menudo me preguntaba por qué formaba familias solo para abandonarlas. Una parte de mí se cuestiona si, con cada relación, iba descubriendo aspectos diferentes de sí mismo, mientras que la otra, ve su total irresponsabilidad y falta de conciencia personal.

No solo se alejaba, sino que construía vidas, se casaba y compraba casas, quizá para dejar abiertas las puertas a un posible regreso.

La realidad golpeó a mi madre con fuerza cuando estaba embarazada y comprometida con él. Mi tía le reveló que ya estaba casado y que tenía otros tres hijos. Tras ser expuesto, se volvió violento e impredecible. Al final, mi madre eligió una vida pacífica para nosotras y cortó todo contacto con él. Le costó trabajo saber cómo decirme la verdad sin romper mi corazón; pero, con el paso del tiempo, se dio cuenta de que era una conversación que debía ocurrir.

Un nuevo comienzo

A fin de cuentas, mi conducta disruptiva ocasionó que me expulsaran de la escuela. Sin embargo, esto fue el inicio de un cambio positivo en mi vida, aunque en ese momento no me di cuenta.

No es por justificar mi comportamiento; pero, al reflexionarlo con honestidad, esa escuela primaria tenía sus propios problemas. A menudo el entorno era desordenado y ese caos se reflejaba en los salones de clase, lo que influyó en mi conducta para mal. Mi amigo Mo, de origen paquistaní, me enseñó groserías en su idioma. Hubo un incidente que nunca olvidaré: una mujer me arrastró, literalmente, por el pasillo de alimentos congelados en Sainsbury's y confrontó a mi mamá con mucho enojo. Exigió saber dónde había aprendido esas palabras porque le dije que se fuera «a la mierda». ¡De verdad, no sabía que estaba diciendo *eso!* Estas experiencias fueron cruciales para mi mamá. Estaba determinada a que mi siguiente escuela tuviera una base más sólida en ética, educación y disciplina, y así fue como terminé en Sacred Heart.

La transición al ambiente escolar católico de Sacred Heart fue un gran impacto para mi sistema. Todo era extraño. Había reglas rigurosas y una estructura bastante intencional; por primera vez, no se toleraba mi comportamiento inadecuado en la escuela. La primera misa matutina a la que asistí fue toda una experiencia, por decir lo menos. Me escapé a la alacena y me comí todas las hostias de la eucaristía (en mi defensa, me moría de hambre y pensé que eran galletas). Para sorpresa de nadie, me metí en problemas y, como acción disciplinaria, citaron a mi madre. En la escuela sabían que tenía dificultades para adaptarme, pero se comprometieron a ayudarme. De camino a casa, mamá suspiró y dijo:

—Meggan, hija, este es un nuevo comienzo. Pórtate bien, obtén un buen reporte y habrá una sorpresa esperándote.

Percibí el cansancio de mi madre debido a mi conducta y supe que se trataba de un nuevo incentivo para comenzar a portarme bien. Además, los regalos de mamá siempre eran significativos, así que decidí obedecer y cambiar de la noche a la mañana. La transformación fue rápida y, en cuestión de semanas, mi conducta mejoró de manera notable. El día en que me recogió de la escuela se convirtió en un recuerdo lleno de importancia, no solo porque fue una situación que rara vez ocurría. En cuanto subí al coche, vi un sobre en el asiento del copiloto; en su interior había una carta escrita a mano felicitándome por un primer periodo exitoso y boletos para ver a Michael Jackson esa noche en el Estadio de Wembley. ¡Casi me vuelvo loca!

Esa experiencia logró más que hacerme feliz. Plantó una semilla en mi interior que sentó las bases de una nueva confianza y reforzó mi fe en mí misma. Comencé a creer más en mis habilidades. Me mostró las ventajas de un buen comportamiento y las recompensas de actuar en consecuencia; me enseñó una lección hermosa. No obstante, con el paso del tiempo, ser solo «buena» se transformó en algo más. El perfeccionismo comenzó a consumirme y, para ser honesta, es una batalla que todavía enfrento hasta el día de hoy.

La raíz de mi perfeccionismo

La misión de volverme perfecta surgió a partir de diversos momentos en mi vida en los que recibí alguna recompensa por ser algo más que mi yo verdadero. Aprendí a fingir y pasé años debajo de este disfraz, a tal punto que tuve dificultades para desarrollar una relación real con mi identidad auténtica y me convertí en todo lo que los demás querían que fuera.

Sabía que mis familiares eran incapaces de quererme debido a su desdén hacia mi madre, así que desde pequeña aprendí a dejar de buscar su cariño. Sin embargo, a pesar de adormecer este sentimiento, todavía había momentos en los que anhelaba ser amada y aceptada como mis primos. No podía evitar compararme de manera desfavorable cuando veía cómo recibían atención y regalos caros a manos llenas en Navidad y en sus cumpleaños. Así que, en un intento por recibir el mismo afecto por parte de mis tías, hice todo lo posible para ser «la niña ideal» en mi familia.

A medida que crecía y la influencia de las redes sociales se arraigaba en mi vida diaria, las comparaciones aumentaban. Revisaba los perfiles y *reels* de *influencers*, y creía que mi carrera no avanzaría a menos que copiara su estética. Pensaba: «*Debo ser más como esta persona o como aquella, pero no nos parecemos ni un poco; mira mi cabello, mi peso, mi casa, mi personalidad. Nada de eso cumple con el estándar*». Todas estas razones me frenaban.

Durante años, permití que la búsqueda de la perfección sofocara mi crecimiento y dejé pasar muchas oportunidades. Esta mentalidad, normalmente, surge de un trauma que te obliga a cargar con la creencia de que debes alcanzar cierto nivel de perfección para merecer amor. Es interesante cómo el viaje hacia la sanación contradice esa idea.

> Durante el proceso de sanación, estamos en un estado
> constante de evolución y descubrimos nuevas formas
> de mejorarnos a nosotros mismos.

Conforme avanzamos por el camino de la sanación, asimilamos nuestras imperfecciones hasta resolverlo todo. Esto prueba que no tienes que esperar a que todo sea «perfecto» para avanzar. La vida simplemente no funciona de esa manera.

Redefinir la «perfección» y asimilar la imperfección

El dolor de las oportunidades perdidas me enseñó una lección fundamental: nadie tiene todo resuelto. Todos estamos en un viaje de aprendizaje, tropezando, resurgiendo y creciendo todos los días. Incluso las personas que admiramos son obras en progreso que evolucionan a su propio ritmo. Está bien tener días malos, lo que no está bien es pretender que somos versiones completas y terminadas de nosotros mismos.

Nuestra idea de perfección está equivocada; nos comparamos con otros sin darnos cuenta de que cada uno avanza por un camino único, destinado exclusivamente para una persona en particular. Nunca encontraremos nuestra verdadera esencia si emulamos a alguien más, porque, mientras ellos viven de manera natural en su verdad, nosotros descuidamos nuestra magia por copiar sus métodos, con la esperanza de tener una vida como la suya. Es una forma devastadora de traición a uno mismo.

Es común que se nos diga que la vida no se ensaya; pero, en este tipo de casos, pienso diferente. Cuando la vemos como un ensayo, la vida nos libera del miedo a cometer errores y, en su lugar, nos invita a asimilar que cada paso o tropiezo es parte de un proceso más grande de transformación. No existe el fracaso y no necesitamos competir o compararnos. Al adoptar esta perspectiva, nos damos la libertad de encontrar nuestra verdadera esencia, donde la búsqueda de autenticidad tiene más valor que el deseo de perfección. Esto nos libera de la necesidad de replicar el viaje de otra persona. Cuando percibes la vida como un ensayo, puedes seguir intentándolo y mejorando hasta tener éxito y pasar al siguiente capítulo.

Entonces, ¿qué dice eso sobre nuestra necesidad de ser perfectos? En última instancia, la energía y el tiempo que dedicamos a este deseo es una pérdida de tiempo.

> La perfección es una meta inalcanzable. No tiene nada que ver con nuestras habilidades; simplemente no existe. Es un mito, un constructo del que debemos separarnos con urgencia.

Piénsalo: mi idea de «perfección» nunca se basó en una verdad universal, sino que fue influida por mi opinión y por aquello que le dio forma en el camino. Desde los estándares de belleza y las posesiones materiales, hasta los *feeds* artificiales que digería todos los días en redes sociales, creé una visión de lo que yo consideraba «perfecto». Pero la cuestión es que los humanos definimos la perfección de tantas formas diferentes que no es posible que exista como una verdad absoluta.

Para una persona, una vida perfecta involucra vivir de manera extravagante en una enorme mansión, con un par de Rolls Royce estacionados en la entrada (levanta la mano lentamente). Para otra, es mudarse y vivir lejos en un lugar ideal mientras trabaja en algo que le apasiona, y eso está perfectamente bien. Por cada casa considerada una obra maestra arquitectónica, siempre habrá alguien que la mire y piense: «¡Aj! Claro que no, ¡eso es horrible!». De nuevo, eso no tiene nada de malo. Mi idea de un día perfecto es aventurarme por las selvas de Trinidad, encontrar una cascada nueva y limpiarme las viejas energías que he almacenado con una barra de jabón azul, mientras mis amigos están en algún lugar cercano, encendiendo una fogata para cocinar una olla de curry. Amo la vida simple con un poco de lujo. Pero solo es eso: *mi* visión. No tiene que ser la de alguien más. Por ello es ridículo mantener un estándar tan subjetivo y cambiante como lo es la «perfección».

> Al universo no le hace falta que seamos perfectos; de hecho, el universo mismo es una prueba viviente de la belleza que podemos encontrar en la imperfección.

Los árboles crecen a diferentes alturas; algunos crecen torcidos, y otros, rectos. La luna atraviesa sus fases. El agua nunca es consistente: a veces está tranquila y otras choca con las rocas como si tuviera una guerra interior. Incluso el cielo nos ofrece una obra de arte diferente cada noche. Ni siquiera somos conscientes de las anomalías; solo nos maravillamos por su existencia y nos sentimos agradecidos al ser testigos de tal belleza. Es una pena que no extendamos esta sensación de asombro hacia nuestro interior. A menudo me pregunto por qué olvidamos incluirnos a nosotros mismos cuando observamos los fenómenos del mundo.

Celebra tu verdadera identidad

El perfeccionismo es una trampa que sabotea nuestro crecimiento y tenemos que dejar de alimentarla. Buscar la perfección es peligroso, porque constantemente perpetuamos la idea de que no somos dignos de ser quienes somos. Transformamos nuestra forma y cambiamos, en lugar de aceptar la abundancia de nuestro verdadero carácter.

Nuestra idea de perfección está equivocada; nos comparamos con otros sin darnos cuenta de que cada uno avanza por un camino único, destinado exclusivamente para una persona en particular. Nunca encontraremos nuestra verdadera esencia si emulamos a alguien más.

Deberíamos hacer un pacto para comenzar a celebrar nuestra verdadera identidad sin remordimientos. Sé quién soy: descarada y dinámica, un poco brusca y un poco vibrante. ¡Esa soy yo! Cuanto más amo mi verdadera identidad, más crezco y florezco como ser humano. Es un trabajo en proceso. La única forma de liberarnos de nuestro apego al perfeccionismo es apreciar lo que ya es perfecto justo aquí, en el presente.

> Eres suficiente y estás completo tal como eres.

Eres la encarnación de tu pasado, presente y futuro combinados. Incluso cuando sientes que no encajas, confiar en tus cualidades y fortalezas únicas profundiza tu confianza en ti mismo y tu conexión interna. Entiende esto: tu verdadera identidad no necesita «mejorar», porque está evolucionando continuamente. El verdadero trabajo es alinearte con quien ya eres.

Aclaro, no digo que asimilar la autenticidad signifique rechazar la idea de crecimiento o mejora personal. Ser fieles a nosotros mismos implica reconocer y aceptar lo que somos en el presente, con la conciencia de que tenemos el derecho y el potencial de evolucionar hacia una versión más plena de nosotros mismos. Es importante saber que somos capaces de crecer hasta ser algo más mientras nos sentimos satisfechos con el lugar en el que estamos ahora.

> ¿Alguna vez te has obsesionado
> con un ideal de perfección
> para luego reprocharte por no lograrlo?

Debemos reconocer los peligros de perseguir lo inalcanzable y aprender a valorar nuestra identidad genuina. Siempre habrá aspectos que mejorar, pero no debemos quedarnos atrapados en la búsqueda de la perfección. Esta no existe.

En lugar de seguir nuestra propia visión, seguimos la que otros tienen respecto a nuestra vida

En retrospectiva, nunca debí inscribirme a la universidad. Pero al ser hija de una migrante, sabía cuán importante era la educación y no quería ser una decepción. No estaba al tanto de que me sentiría más orgullosa de seguir mi propio camino que de cumplir las expectativas familiares.

Las primeras generaciones de hijos de migrantes cargan con muchas expectativas, que son todavía mayores si tienen el privilegio de volver a casa y observar por sí mismos las diferencias que hay ahí en comparación con vivir «en el extranjero». Y aunque sobre ti recae la presión de tener éxito, sientes un profundo sentido de orgullo, honor y gratitud por los sacrificios que tus padres o abuelos hicieron por la promesa de una «vida mejor».

Algunos tuvieron padres que comprendieron el valor de la exploración y entendieron que sus sacrificios no tenían que ver únicamente con el éxito inmediato, sino también con brindar a sus hijos la libertad de deambular y encontrar su verdadera esencia entre las múltiples posibilidades que los rodean. Por el contrario, otros tuvieron padres que se enfocaron más en dirigirlos hacia roles especializados, donde la expectativa de recibir elogios y éxitos aún mayores era el estándar.

Mientras crecía, atestigüé cómo familiares cercanos sabotearon las oportunidades de sus hijos por temor a perder el control sobre ellos. Tenían una visión respecto a la vida que querían para sus hijos y, como resultado, arruinaron cualquier oportunidad de que sus talentos se nutrieran y desarrollaran. Esto hizo que sus hijos se convirtieran en adultos a quienes les resulta difícil confiar en sus propias voces.

Cómo terminar desconectado

No es sorprendente, en diversos sentidos, que muchos terminemos desconectados de nuestras metas y aspiraciones. Desde temprana edad, nos condicionan para perseguir sueños que no son nuestros. Por desgracia, en esta vida hay un libreto que debemos seguir: ir a la escuela y seguir las reglas, pero ¿qué pasa cuando las reglas ya no concuerdan con la persona en la que te estás convirtiendo? Cuando entré a la secundaria, este conflicto interno se volvió una lucha diaria. Sobresalía en las materias que encendían mis pasiones y rehuía del resto. ¿Por qué debía perder mi tiempo estudiando francés cuando quería aprender español?

Mi «desconexión» no pasó desapercibida. El Sr. P., mi prefecto, estaba perplejo por mi enfoque selectivo.

—¿Qué pasa, Meggan? —me preguntó, claramente frustrado y a la vez preocupado—. ¿Por qué no aplicas el mismo entusiasmo que pones en el arte al resto de las materias?

Aunque el Sr. P. era justo, también era estricto, y como mi lista de detenciones durante el receso iba en aumento, debía encontrar una solución. Saltarme algunas clases comenzó a perjudicar mi asistencia general, lo cual era un no negociable para mamá. El Sr. P. reiteró que, independientemente de que percibiera mi vida como convencional o no, de igual forma debía salir de la escuela con buenas calificaciones. Así, llegamos a un acuerdo: él modificaría mis horarios para que pudiera asistir a más de las clases que disfrutaba, pero yo debía prometer asistir al menos a una clase por semana de las materias que odiaba.

Alcanzar un punto intermedio con el Sr. P. fue un pequeño paso para solidificar mi autonomía, pero duró poco. Al terminar la escuela, en mi casa era obligatorio asistir a la preparatoria y la universidad. Mamá le daba una gran importancia a la educación. Tras migrar, trabajó de forma diligente en una fábrica, cortando tela para una compañía de ropa, y se enorgullecía de haber obtenido una educación superior que le permitía acceder a mejores oportunidades. A modo de broma, ella siempre me recordaba lo siguiente: «O recibes una buena educación y creas la vida que quieres, o te casas con un hombre rico». Era algo que su abuela siempre le decía. Dios sabe que soy un espíritu demasiado libre y ningún hombre sería capaz de contenerme. ¡Me correría a patadas! Así que la única opción era el camino de la educación. Cuando me aceptaron en la universidad, mamá se llenó de orgullo; pero, por dentro, yo me sentía conflictuada.

Desde el primer día en el campus, me sentí fuera de lugar. Mientras mis amigos de la preparatoria encontraron sus comunidades con facilidad, yo tuve dificultades para conectar y comencé a sentirme aislada. Puede sonar tonto, pero mientras mamá me ayudaba a mudarme a mi dormitorio, rompí en llanto. Lo detestaba todo: las clases, el entorno, el ritmo acelerado con el que mi vida estaba cambiando. Los cambios ocurrían demasiado rápido y yo no estaba lista para salir de mi zona de confort. Entonces conocí a una chica llamada Toni. Nuestros caminos se cruzaron en la cocina compartida mientras exploraba el lugar. Antes de que ella siquiera se presentara, comencé a llorar *otra vez*.

Mientras Toni me reconfortaba, yo solo podía pensar: *Tienes que dejar de llorar así. Por favor, toma una decisión.* La situación no mejoró con el tiempo. Terminé repitiendo el primer año casi tres veces, rompiendo mi corazón por ignorar la necesidad que mi espíritu sentía de marcharse.

Pasé años paralizada por el miedo. Llevaba mucho tiempo viviendo bajo la sombra de las expectativas de los demás y eso no me había llevado a ninguna parte, salvo a un profundo estado de infelicidad. Me sentía deprimida y miserable. La primera mitad de mis veinte estuvo llena de ansiedad; iba por la vida sin rumbo, como si estuviera en el limbo, sin un plan o una visión. Pausé la universidad y volví a casa, a un entorno familiar donde pudiera expresar mis pensamientos y determinar cuáles serían mis siguientes pasos. No extrañé la educación, pero sí la rutina. La vida a la que estaba tan acostumbrada se desvanecía poco a poco. Tras unas semanas sintiendo autocompasión, atrapada en mi cuarto y ahogada en llanto como Usher en sus videos musicales, por fin reuní el coraje para hablar con mi madre respecto a mis sentimientos.

—Hice lo mejor que pude —le dije—, pero la universidad no es para mí.

Al principio, se sintió decepcionada por el tiempo y el dinero invertidos, y se preocupó mucho por mi estado mental. No obstante, casi de inmediato, pasó a apoyarme y reconfortarme de forma genuina.

—¿Por qué no lo dijiste antes? —respondió—. Mientras tengas un plan, siempre tendrás mi apoyo. Si no eres feliz, déjalo, bebé.

En ese momento, tuve una revelación y mi primer pensamiento fue el siguiente: *Mierda, ¿por qué* no *hablé antes?* Es decir, en mi hogar no se desalentaba la transparencia. El verdadero problema era yo. Estaba atrapada en un ciclo en el que intentaba cumplir las expectativas de mi comunidad hasta el punto de convencerme de que la universidad era el único camino que valía la pena seguir.

Mi punto de inflexión

Esa conversación sincera con mamá fue un momento trascendental que cambió toda mi perspectiva de la vida y me enseñó que no hay necesidad de apresurarse, sobrepensar o estancarse.

> La vida es un viaje que debe fluir libremente mientras evolucionamos de manera orgánica.

Lo que debe ser será. La única obligación real que tenemos es mantenernos fieles a nuestra esencia y comprometernos con el trabajo que debemos realizar para seguir adelante. Esa conversación fue el primer paso para crear y respetar mi visión respecto a mi vida.

Sin embargo, lo que vino después no fue tan sencillo como habría esperado, ya que hubo una serie de altibajos. Salir al mundo real mientras la mayoría de mis amigos seguía estudiando fue una experiencia solitaria y atemorizante. No tenía una dirección clara y me costaba encontrar la manera de materializar mis ideas. Me sentía insuficiente.

La depresión me acompañó durante seis largos meses y me aislé en mi cuarto, distrayéndome de las consecuencias de mis decisiones. Fue un periodo oscuro y difícil, pero en el fondo sabía que era un reto que debía superar para salir adelante, así que hice el esfuerzo consciente de cambiar mi mentalidad y asimilar el proceso. Me dediqué a ver documentales en YouTube sobre personas que habían convertido sus momentos oscuros en catalizadores para el cambio, y este «adoctrinamiento» diario comenzó a cambiar poco a poco mi perspectiva respecto a mi propia situación. Me di cuenta de que, por lo general, las dificultades son la tierra en la que germina el desarrollo personal y que ese era el momento de plantar las semillas.

Encuentra tu propio camino

Debemos liberarnos y dejar de vivir atrapados en las expectativas de los demás. La tentación de alejarnos de nuestra verdadera esencia siempre está presente, apartándonos del camino del autodescubrimiento.

> Es imposible conocer tu verdadera identidad cuando constantemente estás bajo la sombra de las expectativas de los demás.

Puede resultar mórbido, pero uno de los remordimientos más comunes que las personas comparten en su lecho de muerte es haber reprimido su verdadero yo; dejan de lado sus sueños e ignoran la voz interior que los insta a explorar la vida a su modo. Escuchar tales confesiones de quienes se acercan al final de sus vidas es trágico y esclarecedor. En ese momento, la claridad que ofrecen es invaluable.

Imagina que sabes que estás por ingresar a lo desconocido, para dejar atrás esta experiencia terrenal, y el único consejo que deseas compartir es la importancia de vivir tu vida al máximo. ¿Cómo no reaccionar ante ello? Entregamos con demasiada facilidad nuestra libertad de experimentar una vida hermosa simplemente porque tememos a lo que los demás dirán. Tememos el escrutinio y el juicio de quienes también están encerrados en esta trampa y luchan por salir de ella. Es un desastre, y en algún punto alguien debe romper el molde.

También es importante observar que, cuando las personas nos imponen sus expectativas, no siempre lo hacen desde la malicia. Muchos de nuestros padres y abuelos no tuvieron más opción que obedecer las normas sociales, sin importar su sentir. Es triste pensar en todos los sueños no cumplidos que yacen latentes en los cementerios del mundo. Somos afortunados de vivir en una época de transformaciones, con acceso a libertades que alguna vez parecieron inalcanzables. Creo que debemos aprovechar estas oportunidades de la mejor manera posible, si no por nosotros, al menos para honrar a quienes nos precedieron.

Entonces, ¿cuál es el primer paso?
¿Cómo avanzamos para seguir nuestra propia visión y desprendernos de las expectativas ajenas?

Siendo honestos con nosotros mismos y compartiendo esa honestidad con los demás. Luego, teniendo el coraje de mantenernos firmes en nuestras decisiones por difícil que sea. Todos somos culpables de mantener hábitos dañinos; sin embargo, soltar esos apegos requiere tiempo, por lo que la paciencia es primordial. Es inevitable cometer y repetir errores, pero eso no debería impedir que reclames tu poder mientras superas una versión obsoleta de ti mismo, negándote a sucumbir ante las presiones externas.

Se necesita valor para alzar la voz y nadar contra la corriente.

Me arrepiento de no haber tenido antes esa conversación con mamá. Me dan ganas de llorar cada vez que la Student Loan Company [Compañía de Préstamos Estudiantiles] deduce dinero de mi sueldo. Pero ese es el precio que debo pagar por transitar un camino que no se alineaba conmigo. No obstante, esa decisión cambió la trayectoria de mi vida y estoy eternamente agradecida por el valor que tuve en ese entonces. Nunca me arrepentiré de mantenerme fiel a mí misma.

Todos merecemos la libertad de explorar lo desconocido, sin el peso de las expectativas de los demás. No hay reglas que nos obliguen a ser conformistas, y puedes evitar el arrepentimiento, la infelicidad y la miseria si aprendes a vivir de acuerdo con tu propia visión. Desprendernos de las expectativas de los demás es la única manera de empezar a encontrarnos a nosotros mismos, y poder hacerlo es un privilegio que todos deberíamos aceptar.

Permanecemos en nuestra zona de confort por temor a lo desconocido

Tropezarme conmigo misma es una situación que conozco demasiado bien. Hubo muchos momentos en mi vida en los que dejé que mi zona de confort me impidiera avanzar.

Tomemos como ejemplo el momento en el que dejé la universidad. Después de esa conversación con mamá, no busqué trabajo de inmediato. Caí en una depresión que duró seis meses; me sentía completamente sola y carente de valía. Pasé días deambulando por mi departamento, decepcionando a mi madre y desperdiciando mi tiempo con distracciones interminables, pero el miedo me paralizaba y sentía aprehensión por avanzar hacia un futuro incierto.

El miedo echó raíces en mí y sentí que consumía mi vida. Tuve sueños vívidos y visiones donde realizaba el trabajo necesario, pero en cuanto tenía que salir de mi zona de confort, la búsqueda de esos sueños terminaba de manera abrupta. Mi miedo se manifestó como una barricada invisible protegida por guardias, cuya función principal era reforzar la idea de que yo era incapaz.

Por lo tanto, entiendo lo agotador que es pasar días visualizando una vida y no tener la confianza para buscarla.

El punto de inflexión llegó cuando mi madre me dijo que ya era hora de encontrar empleo. Terminé trabajando en una prisión, algo bastante alejado de mi trabajo anterior en Foot Locker; no obstante, a pesar de los desafíos, algo profundo en mi interior me dijo que esta experiencia sería invaluable.

En primer lugar, ser testigo directo del impacto que sufren los internos al perder su libertad fue una llamada de atención innegable. En segundo lugar, en ese empleo descubrí mi habilidad para animar a los demás con afirmaciones y alentarlos de manera consistente. Ayudé a un recluso a mejorar su relación con su abuela al resaltar la importancia de presentarse de manera adecuada. Él asistía a las visitas luciendo desaliñado, y esto le causaba mucho malestar a su abuela. En cuanto se trenzó el cabello y cambió su atuendo, ella se alegró y rompió en llanto. También alenté a los internos a utilizar la biblioteca y a aprovechar el resto de su condena para educarse, con el fin de aumentar sus probabilidades de reinserción al ser liberados. Intenté ayudarlos a rehabilitarse a sí mismos.

Este capítulo de mi vida me enseñó el poder de salir de mi zona de confort y aceptar lo desconocido. Es una lucha que puede resonar en muchos.

Confrontar el miedo al cambio

Todos conocemos a alguien que nos muestra la realidad de lo que ocurre cuando le tememos al cambio. Su indecisión es evidente mientras se debate entre soltar sus viejas actitudes o volver a los mismos hábitos que ocasionaron su estancamiento. Durante el proceso, pierde de vista sus intenciones iniciales y, como resultado, cualquier intento de avanzar parece imposible.

Vi cómo algunas personas se aferraban a su tristeza, prolongándola más de lo necesario y permitiendo que se volviera parte de su identidad, simplemente porque el camino hacia la sanación les parecía abrumador o implicaba demasiados cambios en su estilo de vida. Otros adoptaron una actitud similar respecto a los cambios y desafíos que la vida nos arroja y eligieron el escapismo en vez de la confrontación. El cambio rara vez es fácil y puede ser doloroso antes de sentirse bien. Ya sea que modifiquemos nuestra mentalidad, nuestros hábitos o nuestra energía, las transformaciones por lo general comienzan siendo incómodas.

> Mira más allá de los hábitos de tu zona de confort y pregúntate esto: ¿a qué le temes *realmente?*

En el fondo, el origen de nuestra indecisión no es más que un profundo miedo. Tememos salir de nuestra zona de confort y, aunque suene triste, la magnitud de nuestro poder personal nos intimida. Nos aterra comprometernos con nosotros mismos y asimilar la soledad que se requiere para lograr un cambio. Sentimos ansiedad por cómo nos percibirán los demás, por el rechazo, y tememos enfrentar situaciones negativas. Nos avergüenza ser vistos como un fracaso y tener que lidiar con la humillación que viene después de un contratiempo. Incluso el amor en su forma más pura —dar y recibir— es aterrador para algunos.

En esencia, cuando permitimos que nuestra zona de confort nos mantenga prisioneros, limitamos nuestra experiencia humana. El miedo infecta nuestro diálogo interno, convenciéndonos de que no es necesario evolucionar, lo que a su vez planta la semilla de la duda, hace que nos preocupemos por escenarios del tipo «¿qué pasaría si...?» y distrae nuestra atención del presente y de aquello que podemos hacer para mejorar nuestra situación

Permanecer en el dolor es tan difícil como dar los pasos necesarios para seguir adelante. Después de todo, la zona de confort nunca ha existido para construir cimientos permanentes.

actual. Cuando sentimos que somos un fracaso, nos comportamos como tal.

El lenguaje como catalizador del cambio

La buena noticia es que podemos transformar ese miedo al cambiar el lenguaje que usamos para comunicarnos con nosotros mismos. Este paso inicial es crucial para dejar atrás el miedo que nos ata a nuestras zonas de confort.

> Todos tenemos la capacidad de enfrentar lo desconocido, ya sea salir de una relación tóxica, dejar un hábito dañino o atrevernos a algo nuevo que nos asusta.

Tú tienes el poder de avanzar por este camino inexplorado. Cuando me di cuenta de que la vida tradicional con horario de oficina no era para mí, encontré inspiración en las historias de individuos —emprendedores, escritores, dueños de empresas— que tuvieron éxito al desafiar las normas sociales. Ellos son valientes e intrépidos... pero también nosotros lo somos. Merecemos explorar una vida que parezca intimidante al principio. Al otro lado hay una versión de ti a la que solo podrás acceder a través de la convicción de superar tus miedos.

De hecho, pienso que tenemos que cambiar la frase «zona de confort», porque no tiene nada de cómoda, ¿cierto? Es un espacio de *incomodidad* que a menudo nos hace sentir infelices. La comodidad es algo que nos protege y nos hace sentir bien, no tristes, distantes y temerosos. Odié cada momento del estancamiento: la culpa, el letargo, la falta de atención y motivación. Pero lo que más sufrí fue la pérdida de tiempo e interés en aquello que me apasionaba.

Si lo desconocido te atemoriza, toma esto en cuenta: la única manera de revelar y sanar las verdades incómodas que yacen debajo de la superficie es enfrentar los miedos que acompañan a los cambios positivos en nuestras vidas. Permanecer en el dolor es tan difícil como dar los pasos necesarios para seguir adelante. Después de todo, la zona de confort nunca ha existido para construir cimientos permanentes.

Nos perdemos de vista a nosotros mismos y a nuestro propósito

Atención: este capítulo incluye contenido sensible relacionado con el suicidio. Si este tema puede llegar a afectarte, por favor, procede con cuidado.

¿Alguna vez has experimentado la sensación de no reconocerte a ti mismo en absoluto? ¿Has mirado el reflejo en el espejo y simplemente no sabes quién es la persona que te devuelve la mirada? Como si fueras tú… pero, en el fondo, no lo eres.

Hay una desconexión entre tu alma y tú; en tu interior hay caos, aunque para los demás parezcas estar perfectamente bien. Conozco esa sensación. Cuando tú y tu espíritu no están alineados, se siente como si estuvieras en el peor lugar posible, mental y emocionalmente. Yo me perdí a mí misma después de una de las pérdidas más grandes en mi vida.

Tenía solo 15 años y, en muchos sentidos, fue una etapa hermosa de mi vida. Lo único que me preocupaba era mantener mi asistencia en la escuela y asegurarme de entregar mis tareas a tiempo. Todo era tan simple: no existían las redes sociales, pronto terminaría la secundaria y estaba rodeada de muchos amigos. Uno de ellos, Kyle Davis, siempre me alentaba a escribir y componer música. Era un poco rebelde, pero tenía un corazón tierno. Recuerdo que podía mirar por la ventana durante la clase de matemáticas y ahí estaba él, dando vueltas por la escuela en su bicicleta mientras los maestros lo perseguían. Ni siquiera estaba inscrito en mi escuela.

Durante las vacaciones de Pascua, por una noche, la ciudad organizaba un evento llamado Eskimo Dance, donde participaban y competían artistas de Grime[1] provenientes de todo Londres. Todos en el área ansiaban el evento, y era la oportunidad perfecta para conocer personas nuevas y pasar un buen rato. La noche previa, nos reunimos en un gran grupo, fuimos a la feria y comenzamos a hacer planes para la noche siguiente. Kyle tenía planeado vestir un conjunto deportivo Prada que había comprado recientemente. Esperamos hasta la media noche a que él llegara, pero nunca lo hizo.

No era algo normal en él, ya que Eskimo Dance era su evento favorito. Fui al baño para hacer una llamada y me encontré con un caos: personas en el suelo, llorando y azotando puertas. Uno de mis amigos gritaba: «¡Kyle se suicidó! ¡Se suicidó!».

La horrible noticia se difundió entre toda la multitud. Yo estaba en completo *shock*. Mamá fue a recogerme y recuerdo que, mientras miraba por la ventana del coche, pensé: *Alguien que conozco murió*. Era muy joven, casi como si no pudiera darme cuenta de que uno *podía* morir. No lograba entenderlo, estaba tan confundida; nada del asunto tenía sentido.

El impacto de la muerte de Kyle en mí y en todos nosotros fue enorme. Me volví insensible, al desconectarme del mundo a mi

---

[1] Género de música electrónica surgido en Londres en la década de 2000. (N. del t.).

alrededor, y comencé a vestir de negro. Tenía una buena amistad con una chica llamada Hannah y, todos los días, al salir de la escuela, íbamos a la morgue para hablar con Kyle mientras él yacía tan pacífico. Después de su entierro, comencé a visitar su tumba todos los días después de clases y dormí en cama de mamá todas las noches durante meses. Sentí como si ese día hubiera muerto la Meggan que solía ser y todos a mi alrededor hubieran cambiado.

Ya no sabía quién era. Todos los amigos de Kyle perdimos algo en nuestro interior y, para volver a encontrarnos a nosotros mismos, debíamos encontrar un propósito.

Así nos perdemos a nosotros mismos

Mi experiencia fue extrema, pero el duelo no es lo único que puede hacer que uno pierda su identidad.

Una amiga cercana casi se perdió a sí misma por una relación de ocho años, desde los 19 hasta los 27 años, justo mientras se convertía en una adulta y aprendía a plantear su propia narrativa. Su energía cambió de forma evidente; pasó de ser una persona confiada, dulce, risueña y de espíritu libre a una versión apagada de su verdadero yo. Su novio la sometió a tantos niveles de abuso y manipulación que afectó su confianza y, como resultado, tuvo que lidiar con inseguridades que nunca había experimentado. Fue algo horrible de ver. La relación tuvo sus momentos felices, pero él abusaba de ella de forma tan sutil que, aun con el paso del tiempo, ella no percibió cuán rota estaba. Solo después de dejar la relación y tocar fondo, se dio cuenta de que no reconocía a la persona en la que se había convertido y pudo ver cuánto se había alejado de sí misma.

Cuando no nos reconocemos a nosotros mismos, es momento de sanar

Tuvieron que pasar años, pero vi con orgullo cómo mi amiga dedicaba tiempo y esfuerzo a recuperarse a sí misma. Algunas noches la visité para hablar por horas. En su viaje de sanación, desarrolló una mayor autoconciencia que le permitió aceptar cómo se había defraudado durante esa relación.

Reflexionó sobre los esfuerzos que hacía para recibir amor por parte de su pareja, de esta manera se dio cuenta de que él era incapaz de proveerle la madurez emocional y la seguridad que merecía. También pudo identificar el día en el que comenzó el abuso y no se atrevió a hacer nada al respecto. Como nunca se había encontrado con ese nivel de abuso emocional, carecía de la experiencia de vida para enfrentarlo.

Mientras sanaba, dejó de salir con chicos y comenzó a tener éxitos fuera de las relaciones románticas. Pasó más tiempo con sus amigos y desarrolló límites más sanos. Ella solía ser el tipo de persona que decía: «Claro, puedes venir a las once de la noche», ahora ya no lo hace. Es tan bello verla desarrollar su sentido de amor propio, pero sigue siendo un trabajo en proceso.

Estas experiencias me han demostrado que siempre es posible recuperarte a ti mismo, incluso si estás en las profundidades de un hábito destructivo y te sientes incapaz de avanzar más allá de tu estado actual.

¿Sientes que estás en las profundidades de un hábito destructivo y no reconoces a la persona en la que te has convertido?

El autosabotaje es una forma muy común de romper nuestro propio corazón, e involucra conductas que nos dañan y evitan que avancemos. Es una forma de comportamiento aprendido que adoptamos debido a nuestros traumas pasados. Al pasar tiempo con individuos que promueven el apego a hábitos dañinos, como mi amiga con su novio, estos se insertan en nuestra psique y reprograman nuestra mente hasta que terminamos aceptando conductas autodestructivas como algo normal; creemos que somos insuficientes y dudamos de nuestra capacidad para tomar mejores decisiones sobre nuestra vida.

Romper el ciclo y encontrar el camino de regreso

Si nos resulta difícil tratarnos con compasión, nuestro comportamiento seguirá reflejando la imagen negativa que tenemos de nosotros mismos. Es un círculo vicioso, pero podemos romperlo. Mientras estuve en las profundidades de mi depresión tras la muerte de Kyle, recibí un gran apoyo de mi mentor, Lincoln Beckford, quien fundó una academia juvenil de verano para los niños de Watford, un espacio seguro para conectar, crear y simplemente ser nosotros.

La academia me ayudó a sanar. Fui capaz de dejar atrás lo que había pasado en la secundaria para seguir adelante.

Recuperarnos a nosotros mismos es un arte. Es un proceso que nos obliga a restaurar aquello que enterramos y así redescubrir el valor que poseemos más allá de las cosas que nos hicieron perder el rumbo. Cuando nos desprendemos de las cosas negativas que nos mantienen cautivos o de las personas a las que nos aferramos, que poco a poco le quitan valor a nuestra alegría, se apodera de nosotros una esencia agridulce, y llegamos por fin a un lugar en el que podemos reconectar con nosotros mismos mientras procesamos el duelo por el tiempo perdido.

Recuperarnos a nosotros mismos es un arte. Es un proceso que nos obliga a restaurar aquello que enterramos y así redescubrir el valor que poseemos más allá de las cosas que nos hicieron perder el rumbo.

Somos una fuente de amor infinito.

Solo cuando volvemos a este estado, recordamos que el amor no es algo que experimentamos de vez en cuando, sino algo que llevamos dentro y generamos. Nos alejamos de nosotros mismos, porque permitimos que esta verdad se nos escape de vista. Tras pasar años devaluando nuestra esencia, el primer paso para recuperarnos es soltar aquello que no se alinea con nuestra verdadera naturaleza.

Nos enojamos con los demás cuando no cumplen nuestras expectativas

Ya comenté esto antes: nuestro corazón se rompe cuando permitimos que las expectativas de los demás dirijan nuestra vida, en lugar de honrar nuestros sueños y visiones. Siempre mantendré esta postura. Abandonamos todo nuestro poder cuando construimos nuestra valía personal sobre las expectativas y la validación de otros.

Pero también podemos herirnos cuando esperamos que los demás cumplan con *nuestros* estándares. Te garantizo que este concepto es más sencillo de lo que parece. Durante buena parte de mi vida, desempeñé el papel de «reparadora». Era el tipo de persona impulsada por el deseo de ayudar a los demás a mejorar sus vidas, lo que normalmente me afectaba a mí. Adopté un patrón dañino en el que entregaba mi tiempo y energía a los demás, y descuidaba mis propias necesidades.

Una persona en particular a quien quería ayudar a sanar era un familiar muy querido. Éramos cercanos, pero nuestra niñez fue muy diferente. El esfuerzo de nuestras madres no se parecía en nada. Mientras que yo recibí amor incondicional y atención en abundancia por parte de mamá, esta persona no tuvo la misma suerte, y cuando la tuvo, vino acompañada de contradicciones psicológicas que le afectaron gravemente al crecer. Es importante mencionar que su madre sufrió traumas a niveles terribles en su propia niñez, lo que dio forma a una persona incapaz de dar o recibir amor de manera apropiada. Pero mientras mi mamá decidió tomar el camino opuesto a su propia crianza, la madre de esta persona no lo hizo, por lo tanto, mi pariente sufrió y desarrolló muchos rasgos destructivos.

Durante muchos años, intenté todo lo que pude para resolver sus problemas, desde prestarle dinero hasta exponerlo a diversas oportunidades que habrían cambiado la trayectoria de su vida. También lo hice con otros amigos: usé mi plataforma en redes sociales para animarlos, comencé negocios con ellos... todo lo que pudiera hacer para «salvarlos» o impulsarlos y mejorar sus vidas. Sin embargo, no notaba que todas estas supuestas buenas acciones solo eran tácticas evitativas de mi parte. No tenía la confianza de seguir mi propio camino y sentía tanto miedo de ser quien era que proyectaba toda mi energía hacia los demás, convenciéndome a mí misma (y a ellos) de que *ese* era el camino que debía seguir.

¿Y adivina qué? No funcionó, ni para ellos ni para mí. No «reparé» a mi familiar. En vez de eso, creé una relación codependiente de la que tuve que alejarme, y mis amigos tampoco estaban en sintonía con los caminos que les hacía andar. ¿Por qué lo estarían? Tenían sus propios destinos que cumplir y no me correspondía interrumpir ese progreso. A pesar de mis esfuerzos, las cosas no mejoraron y sentí rencor e ira por el hecho de no responder a la ayuda que les brindaba.

¿Alguna vez has estado en una situación similar, ofreciendo consejos y ayuda que no te pidieron, con buenas intenciones desde luego, solo para terminar frustrado porque el resultado no fue el que esperabas? ¿Alguna vez te has preguntado de dónde surgió esa ira? Tal vez esa emoción es un reflejo de algo en tu interior. La decepción que percibes podría ser la proyección de una decepción que sientes respecto a ti mismo. Quizá te extendiste más allá de tus límites o dedicaste demasiada energía al problema de alguien más, y en el proceso ignoraste tus propias necesidades. Vale la pena tomarte un momento para preguntarte de donde surge realmente esta turbulencia emocional. Es un paso esencial para comprender tu relación no solo contigo mismo, sino también con los demás.

De la proyección al empoderamiento personal

Me tomó más de una década entender que estaba proyectando mis sueños y esperanzas sobre los demás en vez de enfocarme en mí misma, porque eso parecía más sencillo. Parecía más fácil invertir en el potencial de alguien más que confrontar el mío, pero a fin de cuentas esta comprensión se solidificó y supe que necesitaba redirigir mi energía de vuelta a mí.

Entendí que *no era mi deber salvar a otros*. ¡También me di cuenta de que la ira y la frustración que sentía cuando los demás no respondían a mi ayuda eran, en realidad, una proyección!

> Es una verdad universal que los rasgos del carácter de los demás que nos disgustan, esas cosas que nos sacan de quicio y nos enfurecen, suelen ser reflejos de aspectos de nuestro propio carácter que no aceptamos.

Por ejemplo —y es algo gracioso porque soy culpable de esto, o al menos es sabido que se lo hago a los demás—, yo me irrito y ofendo muchísimo con quienes no respetan mi tiempo. *Odiaba* que desperdiciaran mi tiempo, porque era la señal máxima de una falta de respeto. ¡Pero es muy común que yo llegue tarde! Cuando lo analizo más a fondo, noto que tengo una relación muy frívola con el tiempo. Hace muchos años adopté una actitud más despreocupada y aprendí a no tomar tan en serio el tiempo, pero solo comprendí el peso de esta actitud cuando otros comenzaron a tratarme de la misma forma.

La realidad es que me costaba trabajo mantener mi horario y era algo que me hacía sentir muy insegura. Independientemente de lo que hiciera, parecía que el tiempo siempre se me escapaba de las manos, hasta que la terapia me enseñó la importancia del bloqueo del tiempo. Esto me permitió tener una mayor sensación de control sobre mi vida, lo que mejoró drásticamente mi manejo del tiempo.

¿Terminas consumido por la frustración y la ira hacia los demás cuando no responden de la forma en que te gustaría que respondieran?

Cuando tratamos de reparar y controlar a los demás, nos evitamos a nosotros mismos. Así que, si estás lidiando con personas «complicadas» en tu vida que no responden a la ayuda que les ofreces..., detente. Toma estas emociones que proyectas hacia el exterior, redirecciónalas hacia el interior y pregúntate lo siguiente: ¿con quién estoy enojado *realmente?*

Carecemos de amor propio y nos volvemos vulnerables ante los apegos dañinos

Ya mencioné muchas de las formas en que rompemos nuestro corazón y quizá algunas te resultaron familiares.

Depender de los demás para sentirnos validados, permanecer en zonas de confort que nos frenan, proyectar nuestras esperanzas y sueños sobre las personas que nos rodean... todas son diferentes, pero hay un hilo conductor que las conecta, y es la falta de amor propio. Sinceramente, considero que esta es una de las mayores formas en que rompemos nuestro corazón, y subyace a muchas conductas destructivas que nos impiden tener una vida mejor.

¿Alguna vez tuviste una relación —ya sea romántica o platónica— que te dejó exhausto, emocionalmente herido y te hizo cuestionar tu propia valía? ¿Tienes un amigo que es una persona increíble, pero no deja de tomar malas decisiones respecto a las personas de las que se rodea y en las que invierte su tiempo? Yo sí, y apuesto a que tú también.

Ya mencioné a la amiga que perdió su sentido de identidad a lo largo de muchos años debido a un novio manipulador. Mi mamá perdió muchos años de su vida ofreciendo cariño a una familia que no la respetaba ni se preocupaba por su bienestar. Yo perdí años en mis veinte por una relación terrible con un hombre que me trataba como mierda, pero yo seguía volviendo con él. Debajo de todos estos patrones, hay una creencia muy arraigada de que no merecemos amor, porque no nos amamos a nosotros mismos.

Enfrentar la realidad de una relación tóxica

Ahora puedo ver lo jodida que estaba realmente esa relación; entiendo que la acepté en mi vida porque yo misma estaba en un momento jodido. Mi mamá sabía que mi relación era mala y trataba de animarme.

—¿No sabes lo buena que eres? —me decía.

Mis amigos se frustraban conmigo porque juraba y perjuraba que no volvería con él, pero entonces me los topaba justo al salir de su casa (sí, eso pasó, ¡y sentí tanta vergüenza! Salí en coche desde su casa a primera hora de la mañana y, casualmente, mis amigos volvían de un evento por la misma calle. ¿Cuáles eran las probabilidades? Vieron mi coche y condujeron tras de mí, destellando sus faros. Encendí el manos libres de mi teléfono cuando me llamaron; estaban riendo como locos. Les colgué y mantuve la mirada al frente cuando me rebasaron. Me sentí como una completa perdedora). Seguí dándole más oportunidades; ninguna de las palabras bien intencionadas de mis seres queridos marcó la diferencia.

En el fondo, sabemos cuándo nos maltratan. Yo lo sabía. Aun así, cuando decidimos mantener una mala compañía pese a su impacto en nosotros, seguimos exponiéndonos al malestar, a la frustración y a que nuestro corazón se rompa, lo que a fin de cuentas daña nuestro valor.

En muchos casos, esto ocurre de manera inconsciente. Nuestra energía busca a las personas que la reflejan, de modo que, si eres inseguro, eso es lo que atraes, personas inseguras, incluso si en la superficie no parece ser así. Los manipuladores pueden percibir la vulnerabilidad desde lejos y se aferran como parásitos, te drenan y, antes de que te des cuenta, estás en una situación tóxica de la que es muy difícil escapar.

Esa es la razón por la que debemos reconocer el peso de las relaciones desequilibradas y los efectos perjudiciales que tienen sobre nuestro crecimiento personal. Si no nos amamos a nosotros mismos, terminaremos en compañía de personas que tampoco nos aman.

Liberarte y cultivar el amor propio

El primer paso para que haya amor propio en tu vida es reconocer que vales. No importa quién seas o de dónde vengas, *todos* tenemos una luz en nuestro interior que nos hace dignos de ser amados. Decirte esto a ti mismo es el primer paso para cambiar tu diálogo interno, incluso si al principio no lo crees. Sé cuidadoso con el lenguaje que usas al discutir con tu voz interior. Nadie te escucha con más atención que tú mismo; en otras palabras, sé gentil y considerado contigo.

Después, recuerda que en cualquier tipo de conexión con otro ser humano, el mínimo absoluto es el respeto mutuo, el apoyo y la compasión genuina. Reflexiona sobre las relaciones humanas en tu vida:

- ¿Fomentan tu crecimiento?
- ¿Te empoderan con hábitos y compromisos diarios?
- ¿Participas en conversaciones sanas?

- ¿En algún momento hacen que cuestiones tu valía?
- ¿Hay amabilidad y comprensión en situaciones difíciles?
- ¿Te animan y te inspiran?

Pregúntate: ¿qué obtienes exactamente de esas conexiones?

Si la respuesta es «nada», eso es una enorme *red flag*. No tienes por qué ser infeliz, y nadie merece un lugar en tu vida solo porque sí. Mereces estar en presencia de quienes sean tan cálidos como los rayos del sol.

Cuando te valoras a ti mismo, sucede un cambio natural y comienzas a desprenderte de aquello que ya no te sirve y, en su lugar, te acercas a quienes coinciden con tu energía. Le pasó a mi amiga, a mamá y a mí también... con el tiempo. Tuve que tocar fondo en esa relación tóxica para por fin darme cuenta: *Esto no lo vale. Tengo que aprender a amarme a mí misma.*

Sentí como si hubiera fracasado, pero el tiempo me mostró que no se trataba de que mi amor no lo hubiera reparado *a él,* más bien había fracasado en repararme *a mí misma.* Pensaba que era un fracaso externo, cuando en realidad se trataba de uno interno. Hace falta valor para admitirlo y realizar los cambios necesarios luego de aceptar que toleramos el maltrato. Fue difícil para mí salir de ese lugar, pero lo hice, y tú también puedes hacerlo.

> Debemos creer que somos dignos de un amor que nos empodere y aprecie, y debemos estar listos para aceptar ese amor cuando lo encontremos en nuestro camino.

Toma hoy mismo la decisión de desprenderte de quienes te hacen caer. Cuando te enfocas en tu amor propio, estableces un nuevo estándar respecto al amor que aceptarás de los demás. ¿Por qué tolerarías menos?

Mereces estar en presencia
de quienes sean tan cálidos
como los rayos del sol.

Alimentamos al monstruo del ego

Como ya mencioné, me tomó mucho tiempo encontrar mi rumbo en la vida. Descubrí a la mala que la universidad no era para mí, pero la vida de oficina tampoco lo era. Después de dejar mi trabajo en la prisión, caí en otra depresión.

Ninguna de las cosas en las que invertí mi energía hizo eco en mí. En retrospectiva, más tarde me daría cuenta de que se trató de una temporada de renacimiento: debía explorar estas experiencias para ser consciente del camino al que estaba destinada. Más aún, la compañía para la que mamá trabajaba —su único trabajo desde que había llegado a Reino Unido— estaba en riesgo de desaparecer. Por primera vez en su vida, el empleo de mamá peligraba. Más adelante te contaré sobre la increíble influencia que su jefe tuvo en mí, pero este periodo fue extremadamente desconcertante.

En 2011, abrí una cuenta en Tumblr. Varias canciones del disco *Kush & Orange Juice,* de Wiz Khalifa, me habían inspirado muchísimo, y decidí dedicar un blog a compartir letras positivas de canciones de *hip-hop*. Diseñé imágenes con citas y las publiqué a todas horas en Tumblr. Mi página creció de golpe y, luego de tres días, ya tenía más de 12 000 seguidores.

Tumblr es conocido como un lugar en que el que puedes conectar con las personas de manera auténtica. Las estadísticas no importan. Eres admirado o juzgado exclusivamente por el contenido de tu blog. Es la mejor plataforma para formar una comunidad con la que de verdad puedes congeniar. La popularidad de mi Tumblr me dio la idea de comenzar una tienda en línea de camisetas y sudaderas con el eslogan «Cool Story, Bro». En menos de tres semanas de poner todo en marcha, ya estaba ganando el salario anual de mi mamá gracias a las ventas. Ninguna de nosotras podía creerlo. ¡Simplemente fue un éxito! Recuerdo que una noche reuní todas las facturas de PayPal que imprimí ese día y la pila era más alta que mi lata de Red Bull.

Todos los días ganaba montones de dinero y acumulaba miles de seguidores. Me estaba convirtiendo en lo que muchas personas percibirían como «un éxito», pero en vez de sentirme feliz y satisfecha, todo eso alimentó mi ego inseguro y me volví extremadamente engreída.

Cuando el ego toma el control

Esto se manifestó de formas horribles. Comencé a juzgar y a sentir resentimiento hacia quienes llevaban un estilo de vida que reflejaba el mundo del que yo acababa de escapar. Me preguntaba: *¿Por qué eres esclavo del «sistema» cuando podrías estar trabajando por tu cuenta?* Comencé a percibirlos como holgazanes por no seguir el mismo camino que yo.

Mi empatía disminuyó cada día y no dejé espacio para las áreas grises en mi vida. Todo se volvió blanco o negro. Me expuse a un mundo diferente, comencé a formar vínculos sociales y mi acceso a personas de distintos entornos comenzó a influir en mí de forma negativa. Empecé a comparar y a cuestionar las amistades que había tenido por años. Incluso mamá notó el cambio en mi comportamiento y a menudo me recordaba de dónde venía, pero ser humilde no era opción. Ganaba dinero y mi antigua vida no hacía eco en mí. Ya no tenía que sufrir y me negaba a asociarme con cualquiera que me recordara eso.

Pero debajo de todo había una profunda inseguridad que me convenció de que eso era necesario. Mi ego había tomado el control: se convirtió en una de mis mayores distracciones y me estaba transformando en una tonta. Hizo falta un impacto enorme en mi sistema para restablecer mi vida y cambiar mis prioridades.

En 2013, a mamá le diagnosticaron cáncer de mama en etapa 2 y esta revelación cambió mi vida casi de inmediato. Dos años antes, tanto mi tía como la madre de mamá, mi abuela, fallecieron debido al cáncer, por lo que sabía lo importante que era no solo estar presente, sino involucrarme intencionalmente con su recuperación.

Dejé de publicar en el blog y me dediqué a ella de tiempo completo. Mamá me rogó que siguiera trabajando, pero me negué: era un honor cuidarla y teníamos recursos suficientes para sobrevivir.

El proceso de cuidar de mamá durante su tratamiento contra el cáncer —una mastectomía doble y quimioterapia— fue duro, pero también fue un reinicio completo para ambas. Para ella, era la primera vez que su salud peligraba, lo que le hizo prestar atención a la fragilidad de la vida. Inmediatamente comenzó a revalorar su apego con aquello que no le servía. Yo encontré mi propósito al tratar de restaurar su salud y comencé a investigar sobre tratamientos alternativos y enfoques holísticos de la salud.

El proceso de recuperación tras su operación me hizo valorar aún más la bondad. Entendí la influencia directa que la generosidad de otros había tenido sobre nuestra vida diaria y también lo desestabilizadora que podía resultar cualquier palabra dicha sin consideración, por lo que cambié mi forma de tratar a los demás y comencé a vivir de manera más intencional.

Aunque he tenido muchos tropiezos desde entonces, esta experiencia —que sentí un poco como una muerte y un renacimiento psicológicos— me mostró que, al vivir alimentando constantemente mi ego, también estaba fortaleciendo mi miedo sin parar.

> ¿Sientes que tienes que «probarte» a ti mismo a través de logros externos, ya sea ganar mucho dinero, transmitir cierta imagen o tener montones de seguidores en redes sociales?

A dondequiera que voy, encuentro personas que viven bajo el control del ego. Lo veo en personas que alardean y exageran sobre sí mismas, haciendo menos a los demás. Lo reconozco porque alguna vez fui esa persona; creía que las posesiones, la apariencia y la percepción de los demás era lo que me hacía ser valiosa. Pero todo ello surge del hecho de no sentirte cómodo contigo mismo.

No te culpes si sientes que el ego controla tu vida, o si constantemente alimentas al monstruo de la inseguridad comparándote de forma negativa con los demás. Nuestra sociedad capitalista nutre nuestro ego al ofrecernos distracciones. Cuanto más tiempo y dinero dedicamos a estas distracciones —ya sea Netflix, el alcohol, las drogas, ropa, o lo que sea—, le damos más valor a cosas insignificantes a costa de nuestra verdadera identidad.

> Solo cuando eliminamos estas distracciones y nos desprendemos del ego —es decir, cuando soltamos este sentido superficial de arrogancia—, descubrimos quiénes somos realmente.

Piénsalo: cuando las personas van a rehabilitación o a retiros, tienen que soltar todas sus distracciones materiales para reconectar con sus almas y su propósito. Nadie puede realizar este tipo de trabajo profundo si está ocupado revisando sus mensajes o respondiendo a cada notificación que recibe, porque si nos distraemos constantemente, el ego gana.

¿Cuántas veces hemos creído que cierta persona famosa o *influencer* tiene «una gran vida», y después quedamos impactados cuando revela que sufre depresión o lucha contra alguna adicción? Quizá nuestra reacción sea del tipo: «No, ¿de verdad? ¿Él?». Pero lo único que podemos percibir es lo que su ego elige mostrarnos, no su auténtica verdad.

No finjas

Tengo una opinión dividida respecto a la idea de «fingir hasta que sea verdad». Sí, puede ser uno de los pasos para descubrir tu fortaleza y tus capacidades, como si llevaras puesto un abrigo de confianza que todavía te queda grande.

Sin embargo, es esencial recordar que este abrigo no es un atuendo permanente. Si bien es cierto que la idea de «fingir» puede ser útil en ciertas situaciones, sigue siendo importante abordarla de forma equilibrada y consciente.

Fingir es muy efectivo en situaciones donde se necesita confianza y capacidad para abrir la puerta a nuevas oportunidades. Para un *influencer* es muy importante tener confianza —aunque sea mínima— al inicio de su viaje. Y aun si no está del todo desarrollada, esta confianza percibida le ayuda a ganarse a su audiencia e influye en la forma en que esta reaccionará a lo que comparte.

No obstante, también es importante entender tus límites. La honestidad y la autenticidad son valiosas, y tomar la decisión de «fingir» sin las intenciones apropiadas puede dañar seriamente tu credibilidad y tus relaciones.

«Fingir» sirve como una estrategia temporal que debe combinarse con el compromiso de crecer y aprender. Recuerda que, cuanto más finjas, más te alejarás de tu verdadero yo. Tarde o temprano tendrás que enfrentar la verdad respecto a quién eres como persona y, ¿sabes qué?, a veces nuestras verdades no son lindas, pero eso está bien.

> Cuando te desprendes del ego y te derrumbas, puedes volver a construirte.

Todos podemos aprender a separarnos del ego al aceptar la soledad y el silencio en nuestras vidas. En la parte 2, explicaré la forma en que vivir de manera intencional y estar solos nos ayuda, pero alejarnos de las distracciones por un tiempo es un primer paso útil. Así que apaga tu teléfono por una hora o simplemente cambia un hábito muy común actualmente, como asegurarte de que el teléfono no sea lo primero que busques al despertar.

> Asimila la soledad, restablece una mejor relación con tu subconsciente y aprende a enamorarte de la magia que se desarrolla en tu interior.

El ego simplemente es una máscara para el miedo, pero he aprendido a no fingir su inexistencia, sino a usarlo como una guía para asegurarme de que estoy escuchando a mi espíritu. Si me distraigo revisando contenido insignificante sin parar en internet, puedo hacer una pausa y dar un paso atrás para consultar lo que mi espíritu trata de decirme realmente: ¿qué estoy evitando? ¿Qué es lo que mi ego me impide hacer?

Reflexión

Otra vez estoy viviendo en el departamento en el que crecí. Es algo que me hace sentir humilde. Gané mucho dinero y gasté mucho dinero, viví en departamentos lujosos y casas de campo enormes, y ahora estoy de vuelta en donde comencé. Aprendí a no ser una idiota engreída y enfrenté a la persona que soy. Todos podemos hacerlo, solo debemos reconocer lo que pasa cuando permitimos que nuestro ego nos domine: rompemos nuestro corazón.

Antes de pasar a la forma en que podemos sanar nuestro corazón, quiero que te tomes un momento para reflexionar. Piensa en aquello que tal vez hiciste, las relaciones tóxicas que quizá aceptaste, los patrones que pudiste haber creado accidentalmente en tu vida y que contribuyeron al ciclo de hábitos poco sanos que te dañaron.

Si no lo has hecho, pregúntate lo siguiente:

- ¿Dependo de la validación de los demás para crear mi propia felicidad y valía?
- ¿Me he contenido porque no soy lo bastante «perfecto»?
- ¿Permito que la visión de otros dicte el camino de mi vida?
- ¿El miedo a lo desconocido me ha mantenido atrapado en mi zona de confort?
- ¿Me he alejado tanto de mí mismo que ya no reconozco a la persona que soy?
- ¿Uso la ira que me generan los fracasos de los demás para ocultar mis propios fracasos?
- ¿Invierto mi tiempo y energía en personas que no son recíprocas?
- ¿Mi ego me controla a través de distracciones constantes y alimenta mi inseguridad?

No debes sentir vergüenza si respondiste «sí» a cualquiera de estas preguntas; acumular sentimientos de culpa por el tiempo desperdiciado no va a borrar el pasado. Aprende a perdonarte a ti mismo, ya que es una herramienta asombrosa que puedes poseer y que te permite examinar el pasado con objetividad para que en el futuro puedas tomar mejores decisiones. Acéptate tal como eres, hazte responsable de tu futuro y usa de manera constructiva la sabiduría que has conseguido. Nuestro poder yace en la honestidad y la responsabilidad. Sigamos adelante.

2

Así comenzamos a sanar nuestro corazón

La segunda parte de este libro trata sobre comenzar a repararnos a nosotros mismos y a nuestros corazones. Como apoyo, al final de cada capítulo te daré tres elementos que puedes incluir en tu vida si el capítulo resuena contigo y con las situaciones por las que estás pasando. Cada uno de ellos es un paso pequeño pero importante que debes dar, porque abordan las tres facetas fundamentales de cómo vivimos nuestra vida: en nuestros pensamientos, en nuestras palabras y en nuestras acciones.

    Al final de cada capítulo encontrarás breves párrafos que te alentarán a pensar, preguntar y realizar. Son solo pequeñas sugerencias sobre cómo modificar tu diálogo interno respecto a la situación presente, preguntas que puedes formularte y acciones prácticas para progresar hacia un lugar más sano y mejor en tu vida. El título de cada capítulo es un fragmento de sabiduría que me gustaría que atesores en tu corazón al iniciar tu proceso de sanación.

Recordamos que nuestra relación más importante es con nosotros mismos

Mi mamá, finalmente, puso su relación consigo misma en primer lugar a los 60 años, y fue algo hermoso de presenciar.

Como ya te conté en la parte 1, mi mamá creció en una familia abusiva. Después de que yo naciera, juró que nunca me expondría a lo que había presenciado en esa casa. Estaba decidida a protegerme del mismo destino, pero no hizo el esfuerzo de protegerse a sí misma. Su familia le rompió el corazón de manera consistente a lo largo de su vida adulta porque le mentían, eran crueles y la decepcionaban constantemente. Tenía amigos maravillosos a su alrededor que la trataban con cariño y compasión, pero no recibía lo mismo de sus familiares; ni siquiera lo esperaba. Cuando fui lo suficientemente mayor para entender el impacto negativo que esta situación tenía sobre ella, le pedí que parara y cortara todo contacto con ellos. Me confundía que no dejara de volver a esas situaciones tóxicas, aunque yo subestimaba el peso de la culpa y la lealtad que mamá cargaba respecto a su familia. Una y otra vez repetía: «Meggan, es mi familia. ¿Qué puedo hacer?».

Mamá comenzó a asistir a terapia de forma intermitente y, durante esos periodos terapéuticos, mejoraba: comía mejor y me hablaba con honestidad sobre lo que sentía y sobre su relación con su familia. Se disculpaba por ciertas conductas que surgían de ello; yo era comprensiva y la apoyaba lo mejor que podía. Por un tiempo, las cosas mejoraban, y yo esperaba que fuera el inicio de una mejor etapa para ella, pero entonces su familia la manipulaba para que volviera al rebaño y todo empeoraba de nuevo. Comenzaban a atacarla y a decepcionarla, y ella se culpaba a sí misma por permitirlo. Comía para ocultar sus emociones, subía de peso y su estado de ánimo sufría.

Era un ciclo autoalimentado de destrucción.

Cuando mi mamá iba a cumplir 60 años, me senté con ella y le pregunté qué quería para su cumpleaños. Era un hito importante y yo quería hacer algo memorable.

—Oh, ya que me llevarás a casa (a Trinidad), estaré bien con algo pequeño.

Era típico de mamá; siempre le preocupaba que yo ahorrara mi dinero, así que no le di mucha importancia. Pero poco después, esa noche, entró a mi cuarto, se sentó en la cama y sostuvo mi mano.

—Voy a cumplir 60 años y en las últimas semanas he estado meditando por qué esto es tan importante para mí —me confesó—. El tiempo avanza, niña, y he desperdiciado muchos años buenos tratando de preservar algo que nunca existió. Todo lo que quería era una familia; incluso a los 60, extraño mucho a mi madre.

Con «madre» se refería a su abuela, quien la crio en Trinidad. Recuerdo esta conversación, porque su forma de hablar era dispersa, algo inusual en ella. Sabía que había llegado a una epifanía.

—¿Qué tratas de decir, mamá? —le pregunté.

Y ella respondió:

—Niña, no tienes que regalarme nada por mi cumpleaños, porque yo me lo regalaré a mí misma. Me devolveré mi vida y mi tiempo. A partir de ahora, voy a prometer ponerme en primer lugar. Voy a soltar a mi familia definitivamente.

En ese momento, el mundo pareció detenerse y me sentí tan abrumada por el peso de sus palabras que la cara se me llenó de lágrimas; era la primera vez que se elegía a sí misma. Desde luego, ponerlo en práctica estaba lejos de ser fácil. Contactó a sus hermanos a través de una carta; se trataba de una declaración delicada y honesta de dar un paso atrás por su propio bienestar. ¿La respuesta? Un frío LOL[1] de su hermana más joven; el resto de sus hermanos ni siquiera respondió. Muy cruel, ¿cierto? Pero no inesperado. Fue un duro recordatorio del dolor que un narcisista puede infligir; los narcisistas harán cualquier cosa para romperte y arrastrarte de vuelta a su caos.

A pesar de mis más profundos temores, mamá se mantuvo fiel a su promesa. Pasó los siguientes años llenando gentilmente las páginas de su nueva vida con los capítulos que escribió para sí misma, priorizando sus necesidades. No hizo falta que hiciera nada dramático ni impactante.

Llevó una vida humilde y una rutina simple. Para ese momento, ya se había jubilado, de modo que podía ocupar sus semanas como quisiera.

—Los lunes voy a Sainsbury's; los miércoles hago yoga —me contó.

Las cosas simples y las actividades mundanas le producían alegría. Pero comenzar a abrazar su esencia y volver a ser ella misma sin excusas marcó la diferencia. Con una sonrisa en el rostro, la llamaba juguetonamente «neek» (argot para *nerd)*: era como si su niña interior por fin hubiera salido a jugar. Aunque presenciarlo fue maravilloso, me habría gustado que lo hiciera antes para que pudiera disfrutar su vida a plenitud por más tiempo.

---

[1] Siglas para *Laughing out loud,* expresión de humor o burla que significa «me río a carcajadas». *(N. del t.).*

Aprender que el amor propio no es egoísta

La transformación de mamá fue enorme. Por fin comenzó a reconocer su propio valor y aprendió que priorizarse no era un acto de egoísmo, sino más bien una forma profunda de amor propio, lo cual —considero— es una enseñanza que puede beneficiarnos a todos. Con el paso del tiempo, se convirtió en una lección que yo también aprendí por mi cuenta.

A estas alturas, ya sabes que pasé buena parte de mi vida complaciendo a los demás y poniéndolos antes que a mí. Mis propias experiencias reflejaron lo que había visto a mamá hacer; es un testamento de cómo nuestra crianza nos moldea. Me ponía en segundo lugar y no le daba importancia a la continuidad de mis planes. Siempre enfocaba mi tiempo en ayudar a que los demás fortalecieran sus bases y construyeran una vida sólida y hermosa; mientras tanto, mi propia vida estaba abandonada, desmoronada y descuidada.

Nadie era recíproco con mi nivel de esfuerzo; siempre iba más allá, pero parecía que nadie estaba dispuesto a seguirme. Resultó claro que mis esfuerzos por los demás habían generado una expectativa que no podría mantener y me di cuenta de que algo andaba muy mal. Al no establecer los límites apropiados, y debido a mi renuencia a cambiar, le di a los demás el permiso tácito de no apreciarme. Cuando estaba disponible para los demás, pero mis necesidades no eran satisfechas con el mismo nivel de urgencia, me sentía profundamente traicionada. Sin embargo, en mis momentos de reflexión, reconocí mi parte de responsabilidad y me di cuenta de que yo era la única a quien podía culpar.

> Enseñamos a los demás cómo tratarnos mediante lo que permitimos. ¿Cómo culpar a los demás por sentirse dueños de mi tiempo cuando mi comportamiento

enviaba constantemente el mensaje de que ellos eran más importantes para mí que yo misma?

Mi deficiencia de amor propio y mi inhabilidad para tener límites firmes comenzaron a pasarme factura. Anhelaba brindarme la misma energía que entregaba a los demás. Quería recibir mi benevolencia y experimentar de primera mano el sentirme amada por mí misma.

Establecer límites y formar mejores relaciones

El primer paso que di para desarrollar un sentido más sólido de amor propio fue establecer límites con los demás. Para mí, eso significaba no ser tan accesible, por lo que desactivé las notificaciones de WhatsApp para no sentirme obligada a responder de inmediato. También aprendí a relacionarme de manera más sana con mi tiempo, de modo que ya no me fue posible dedicar horas a acompañar a los demás en sus viajes porque debía dedicarlas al mío. Llegué a entender que ser generosa con los demás no significa sacrificar mi paz; una lección con la que tuve dificultades al principio, ya que llegó acompañada de una porción de culpa.

Establecer límites casi nunca es un proceso lineal, porque suele implicar que quienes te rodean —acostumbrados a tus comportamientos anteriores— también ajusten su conducta. El cambio repentino no siempre es bien recibido y, a veces, te perciben o etiquetan como «problemático». Solo puedo imaginar lo confuso que debió ser para quienes estaban acostumbrados a mis hábitos complacientes. Tal vez pensaron: *¿Qué está pasando? Apenas ayer esto te parecía bien. ¿Qué cambió?*

Recuerda, nuestros límites existen para protegernos del daño externo que busca dejarnos vacíos; no son un ataque a los demás.

Sin embargo, quizá los demás lo vean de esa forma. Cuando decides reclamar tu tiempo, las personas que siempre han tenido acceso a ti se sienten robadas y menospreciadas simplemente porque tu conducta es diferente a la que estaban acostumbradas (y, como ya hemos explorado, los cambios nos resultan difíciles). La manera más efectiva de implementar estos límites es ser claro y transparente: diles a los demás qué cambiará y por qué. En la parte 3, abordaré con mayor detalle los límites, porque son muy importantes.

Desde luego, habrá momentos en los que las personas ignoren por completo tus límites, sin importar que los comuniques con toda claridad. Es importante saber cuándo retroceder, cuándo proteger tu energía y cuándo alejarte, en vez de servir como una fuente inagotable para quienes creen que te poseen. Si hay personas que cruzan tus límites de forma continua y despreocupada, es esencial que limites el acceso que tienen a ti. Siempre puedes ajustar tu vida a su ausencia. Es importante recordar que no estás atado a nadie. Siempre tienes derecho a irte.

Qué es y qué no es el amor propio

Del mismo modo que la *autenticidad* puede ser mal entendida (tema que se abordó en la parte 1), quiero ser completamente clara sobre las diferencias entre lo que es amor propio y lo que no lo es. El amor propio no es una excusa para hacer lo que queramos en todo momento; no funciona así. Además, si actuamos de esa forma, es probable que resultemos desagradables para los demás. Todos

Cuando decides reclamar tu tiempo, las personas que siempre han tenido acceso a ti se sienten robadas.

tenemos obligaciones diferentes en la vida; no obstante, quienes nos aman de forma genuina merecen la oportunidad de ver cómo redirigimos *hacia nosotros mismos* el amor que antes entregábamos libremente a los demás. Porque, después de todo, lo que cultivamos en nuestro interior irradia hacia nuestro mundo exterior.

Llevar a cabo prácticas que cultivan el amor propio es la base para mantener relaciones más sanas. Estas prácticas pueden incluir honrar tu paz interior implementando nuevas formas de elevar conscientemente tus vibraciones, restablecer la calma en tu entorno o aceptar tu belleza en su estado actual; es decir, darte cuenta de que no eres más que la combinación de quienes existieron antes de ti, y que es muy probable que los rasgos que criticas o comparas estén ligados a las historias de supervivencia que permitieron tu existencia.

Cuando nutrimos el amor que hay en nuestro interior, establecemos los cimientos para las nuevas conexiones que aceptaremos. Lo más alentador que podemos mostrar es un profundo aprecio por nosotros mismos. Al fortalecer nuestro amor propio, podemos crear un nuevo estándar respecto al trato que estamos dispuestos a aceptar de los demás.

> ¿Por qué nos conformaríamos con menos de lo que podemos proveernos a nosotros mismos de manera gentil?

Piensa

El amor propio no es egoísta. Cuando cultivas el amor y el respeto hacia ti mismo, las personas en tu vida comienzan a tratarte del mismo modo, porque las guías con el ejemplo.

Pregunta

¿Hay personas en tu vida que toman más de lo que dan? ¿Piensas que tu valor como amigo, hijo o pareja depende de que siempre estés disponible, aun si descuidas tus propias necesidades en el proceso? ¿De qué forma esto afecta tus emociones?

Realiza

Reserva un espacio de dos horas en tu calendario todas las semanas y dedícalo exclusivamente para ti. Distribuye este tiempo como mejor te convenga, ya sea de forma semanal, dos veces por semana o incluso media hora cada día.

Apaga tu teléfono, respira profundamente y conecta completamente contigo. Puedes llevar un diario (ya sea escrito u oral), salir a caminar a la naturaleza, ir al gimnasio, meditar (ya sea en silencio o mediante sonidos sanadores; por ejemplo, cuencos tibetanos), darte un baño largo con sales y aceites esenciales adecuados para la energía que tratas de descargar, o leer un buen libro.

No permitas ninguna distracción o interrupción; si vives con otras personas, infórmales que ese tiempo es crucial, para que de ese modo puedan respetar tu necesidad de un espacio ininterrumpido.

Volvemos a comenzar cuando lo necesitamos

¿De dónde sacamos la idea de que solo podemos empezar de nuevo una vez?

Considero que las historias que vemos en las películas influyen sobre todos nosotros. El héroe o la heroína enfrenta una crisis, toca fondo y entonces se recupera y todo mejora milagrosamente. Es algo que se promueve como un proceso lineal: los héroes caen, aprenden, triunfan y entonces ***¡pum!***, todo queda resuelto, limpio y bien acomodado en un periodo de dos horas.

El único problema es que eso no tiene sentido. Sí, las películas tienen una duración limitada, pero la verdad prevalece; en ellas los problemas son trivializados y reducidos a soluciones fáciles que ridiculizan nuestra realidad, lo que da como resultado que el espectador acepte una ola de expectativas irreales respecto al tiempo. La vida es desordenada. Resolver un problema puede tomar meses o incluso años, y eso está bien. Pero vivir esperando que todo caiga en su lugar de manera natural es una ilusión peligrosa. La realidad es que la vida es una sucesión de altibajos, y siempre tenemos la oportunidad de comenzar de nuevo cuantas veces sea necesario. Yo lo he hecho infinidad de veces.

La vida está llena de desafíos

Si tratara de medir los altibajos en mi vida, la gráfica sería todo menos recta. De hecho, sería un garabato caótico que, probablemente, te haría mirarme de reojo y preguntarte si todo está bien en casa. Pero esto se debe a que mi viaje de crecimiento me ha llevado por caminos insondables, y he llegado a aceptar que eso está bien. A menudo me pregunto si la vida es una serie de oportunidades que nos guían hacia una mejor versión de nosotros mismos, y la única forma de obstaculizar este viaje es elegir desentendernos de nuestra evolución y resistirnos al crecimiento.

Piensa, por ejemplo, en los chakras. Cada chakra simboliza un nuevo nivel de elevación, y todos ellos se distribuyen en un ciclo de siete años. Hay siete chakras principales, lo que significa que en realidad nuestra conciencia se desarrolla plenamente a los 49 años. Se cree que a esa edad ya hemos encontrado todo lo que la vida nos tenía preparado, y si actuamos de manera adecuada, nos transformamos para alcanzar nuestro estado de mayor elevación. Para mí, eso prueba que la vida está destinada a traer consigo una serie de retos y es algo que no podemos evitar. Podemos tomar la decisión de ignorar estos llamados y con ello sofocar nuestro crecimiento personal, pero anhelar esa existencia resulta aterrador.

Después de mi primera crisis, yo no emergí como una nueva persona, e incluso ahora no diría con tanta seguridad «Estoy reparada». Pero sí poseo una buena cantidad de sabiduría, y me siento más que feliz de asimilar esta nueva actitud que hace que los jóvenes me llamen «señora».

Me daba miedo empezar de nuevo. Mi primer contratiempo importante, cuando falleció mi amigo Kyle, fue una etapa muy aterradora y sentí mucha desolación. El brillo de la vida se apagó frente a mis ojos y tuvieron que pasar años para que recuperara los tonos originales de sus colores. Volví a tocar fondo en la universidad, cuando me sentí totalmente perdida y ansiosa respecto a mi futuro. Abandonar la escuela hizo que atravesara otra depresión y, a los veintitantos, las presiones sociales me llevaron a creer que era «demasiado tarde» para tener éxito; la lista podría continuar...

Ahora sé que esos temores eran infundados, pero en aquel momento no lo sentía así. Fue un periodo lleno de desesperación. Me convencí de que había fracasado por no seguir el libreto que había recibido por parte de mi mamá y mi comunidad. Con el tiempo me di cuenta de que, en lo que respecta a la trayectoria de tu vida, si no tomas una decisión respecto al camino que quieres seguir, al final alguien más tomará la decisión por ti.

Incluso si tenía éxito material gracias a mis emprendimientos en redes sociales, seguía enfrentando una profunda lucha interna. Me sumergí tanto en mi faceta de emprendedora que mi vida se limitó al brillo de la pantalla de una computadora. No hacía otra cosa. Los amigos y la familia se desvanecieron gradualmente, y mi existencia comenzó a sentirse automatizada y vacía. El estilo de vida que había creado se volvió insostenible y afectó mi salud mental. Me encontraba atrapada en un ciclo de ánimo decaído y una infelicidad constante.

Si soy honesta, lo que me frenaba era que no creía en mí misma. El miedo a ser visible me paralizaba y me negaba a asumir riesgos; esto me dejó en un estado de estancamiento. Con el tiempo, la fatiga se apoderó de mí y me sentía cada vez más insatisfecha con la persona en la que me estaba convirtiendo. Estaba agotada de no tener la confianza para vivir mi verdad, de temerle a mi potencial, de vivir a la espera mientras veía a los demás crecer, de despertar consumida por la pena, de decepcionar a las personas que creían en mí, de que mamá me preguntara cuándo aceptaría mi propósito, y de los «qué pasaría si...», los «peros» y los «tal vez» que usaba para no arriesgarme de nuevo.

Encontrar la fortaleza tras fallar

Lo que quiero decir es que llegué a darme cuenta de que el camino que recorría no era para mí, y me costó muchos intentos más comprenderlo de verdad. He vuelto a levantarme innumerables veces en mi vida, incluso en 2021, cuando terminé completamente sola (compartiré esta historia de manera apropiada en la página 104). Acepto que es probable que en algún momento en el futuro tendré que volver a empezar. Quién sabe. La vida está llena de desafíos, crisis inesperadas para las que no nos hemos preparado y periodos en los que nos sentimos atrapados... y eso está bien.

Lo más importante no es que estos momentos difíciles ocurran —después de todo, son inevitables—, sino que encontremos la fortaleza para volver a levantarnos después de caer.

En muchos sentidos, considero que las redes sociales suelen perpetuar el mito de que nuestras vidas deberían estar planeadas sin errores y sin ningún contratiempo. Como mencioné antes, solo vemos lo que los demás eligen mostrar. Esto crea la falsa percepción de que no fracasan como nosotros, que no enfrentan dificultades o que tomaron las decisiones correctas a la primera, logrando que todo encajara perfectamente en su vida. Pero eso está muy lejos de ser verdad. La realidad es que nadie tiene todo resuelto. Nadie.

Aprender a avanzar más de una vez

Si estás pasando por un mal momento que ya viviste antes, no caigas en la trampa de creer que no puedes volver a empezar. Eso no es verdad (además, ¿adivina qué? Nadie lleva un registro). En vez de eso, lo mejor que podemos hacer es darnos el apoyo necesario para avanzar, sin críticas ni juicios. Solo necesitamos ser conscientes de lo que ocurre y tratarnos con gentileza, reconociendo que a menudo el miedo es lo único que se interpone entre nosotros y un nuevo comienzo.

Sí, ¡otra vez el miedo! Nos aterra tanto fracasar que nos resistimos a arriesgarnos de nuevo. Pasamos tanto tiempo preocupándonos por nuestras habilidades y por los juicios potenciales de los demás, obsesionándonos por lo que las personas pensarán de nosotros si no tenemos éxito esta vez que terminamos atrapados en un ciclo de dudas. *¿De verdad puedo hacer esto? ¿Es demasiado para mí? ¿Qué dirán los demás si no lo hago? O peor, ¿qué pasaría si lo hago y fracaso?*

Creo que hay algo verdaderamente liberador en reconocer que las personas siempre tendrán sus opiniones, y no hay absolutamente nada que podamos hacer para controlar eso. ¿No es algo genial y liberador? Puede que no se sienta así (créeme, como alguien que alguna vez se dedicó a complacer a los demás, *no* me hubiera gustado escucharlo hace algunos años), pero es verdad.

> Las únicas opiniones y expectativas que de verdad cuentan son las que tenemos sobre nosotros mismos. No estar a la altura de nuestras propias exigencias es el verdadero problema, no las opiniones de los demás.

No hay nada peor que saber que no estás alineado con tu verdadero propósito. Durante las dificultades que mencioné antes, hice todo lo posible por evitar escuchar mi voz interior, llenándome de ocupaciones para distraerme y no tener que enfrentar la guerra que se desataba en mi interior. Por mucho tiempo, me pareció más fácil perderme en el ruido; no obstante, todo cambió para mí cuando elegí confrontarme, tomar riesgos e involucrarme verdaderamente con la vida. Tú puedes hacer lo mismo, sin importar cuántos intentos necesites. No puedes evitarte a ti mismo y no puedes evitar los fracasos, así que quita eso de tu lista de preocupaciones.

Todos fracasaremos en algún momento de nuestras vidas, y probablemente más de una vez. Lo que de verdad importa es cómo respondemos ante esos fracasos. Eso es todo.

Piensa

Recuerda que no estamos obligados a tenerlo todo bajo control todo el tiempo. Nadie ha inventado esa regla, así que permítete descansar.

Pregunta

¿Y si fracasas esta vez? De verdad, ¿qué es lo peor que podría pasar? ¿El mundo se acabará realmente? ¿Le temes al hecho mismo de fallar y cómo te hará sentir, o lo que te frena es la percepción del fracaso?

Realiza

Lee libros y citas de personas que celebran el fracaso. Hay unas palabras maravillosas de Michael Jordan, la superestrella del basquetbol, que expresan lo siguiente: «A lo largo de mi carrera, fallé más de 9 000 tiros, perdí casi 300 juegos y, en 26 ocasiones, se me confió el tiro para ganar un partido... y lo fallé. He fallado una y otra vez en mi vida, y por eso he tenido éxito».

Decimos «sí» a experiencias nuevas

A los 10 años, comencé un nuevo capítulo y mi vida se expandió por primera vez. Esto sucedió durante las vacaciones de verano; el aburrimiento me tenía desesperada.

Mi mamá me daba £2.50 todos los días, junto con el desafío de hacer rendir el dinero para cubrir tanto necesidades como diversión mientras estaba con mi niñera. Este presupuesto era modesto en comparación con lo que recibían mis amigos y, a diferencia de ellos, las tareas de mi casa no se convertían en dinero adicional. Comencé a desesperarme buscando formas de ganar dinero y, un día, le externé mi preocupación a mamá.

—Mamá, este dinero... no es suficiente. Tengo planes y esto me está frenando.

Su respuesta llegó acompañada de una sonrisa.

—Muy bien, prepárate mañana a las ocho de la mañana y veremos qué dice Thomas —respondió cuando ofrecí mis servicios en su trabajo.

No exagero cuando digo que las lecciones que aprendí del jefe de mi mamá transformaron mi vida de muchas maneras.

Conseguir oportunidades para crecer y aprender

El nombre Thomas Glaser fue una constante en la narrativa de mamá desde su adolescencia, poco después de llegar a Inglaterra. Él heredó el negocio de su familia —una marca de ropa dirigida a mujeres mayores— y su ropa se vendía en boutiques de toda Londres y en otras partes del país. Era más que un negocio; era una familia, una que recibió a mamá con calidez.

Comenzó como cortadora de tela, pero su esfuerzo y compromiso para aprender la llevaron a convertirse en contadora. Thomas y mamá tenían una gran relación laboral, ella incluso cuidaba a sus hijos cuando él salía con su esposa por las noches. Durante los primeros días cuando no era posible tener una niñera, él me recibió en su oficina con los brazos abiertos. Tras el fallecimiento de Thomas, mamá recibió el encargo de cerrar el negocio, algo que hizo con honor. Su primer y único trabajo fue con Glaser, donde estuvo por 40 años.

Desde pequeña, Thomas me presentó oportunidades totalmente diferentes de todo lo que la escuela me ofrecía. En cuanto vio mi ética laboral y mi dedicación por aprender, me ofreció £50 a la semana por organizar facturas, seleccionar prendas y prepararlas para los envíos. Nunca antes había visto tanto dinero. Recuerdo que pensé: *¿Cincuenta libras a la semana? Viejo, ¡voy a ser rica!* Incluso mamá pensó que era mucho.

Antes de saberlo, ya estaba trabajando algunas horas por día y, conforme adquirí más responsabilidades, mi sueldo creció a £250 a la semana. Thomas confiaba en mí y eso era maravilloso. Seguí trabajando para él por años, aun en los ciclos escolares. Tomaba el autobús W9 a las 3:30 p. m., luego de que sonara la campana de la escuela, para trabajar algunas horas en su oficina. Ganar mi propio dinero me llenó de motivación para ahorrar cada centavo. Mi meta era clara: comprar mi propio auto a los 17 años.

Abrir mis ojos a un nuevo mundo

Thomas me reiteró la importancia del retraso de la gratificación, un concepto que mamá siempre enfatizó, en especial cuando comencé a recibir mi mesada. Pero toda la vida de Thomas era una manifestación de ello. Su estilo de vida, que seguramente era resultado de su éxito como director de una compañía, era algo que nunca antes había conocido. Esta experiencia me abrió las puertas a un mundo completamente nuevo, diferente del que conocí al crecer. Su nieta, que a veces lo visitaba en el trabajo, se volvió amiga mía. Un día me invitó a su casa para ir a nadar. En ese entonces, yo era muy ingenua. ¡Ni siquiera sabía que las personas podían tener albercas en sus casas!

Visitar su casa fue una revelación. El mero tamaño del recibidor, comparado con toda la planta baja de mi casa, era difícil de asimilar. ¡Era gigantesco! La alberca por sí misma me dejó asombrada y, además, tenían canchas de tenis y la vista daba a un campo de golf. El entorno era completamente diferente de todo lo que había experimentado, era un vistazo a otro mundo. Desde luego, para su nieta eso era algo normal, así que en ese momento no dije nada. A pesar del clima frío y de la alberca llena de hojas, en cuanto nos sumergimos en el agua juntas, lo único en lo que podía pensar era lo maravillosa que resultaba toda esa experiencia.

Esa noche, al llegar a casa, todavía intentaba darle sentido a todo. Crucé la puerta que daba a nuestro patio trasero, miré fijamente mi columpio y le pregunté a mamá:

—¿Cómo es que la casa de Thomas es mucho más grande que la nuestra?

Le compartí lo impresionada que me había dejado su casa, y su respuesta fue simple pero profunda:

—Eso era lo que quería que vieras. Es la diferencia entre trabajar para alguien y trabajar para ti misma.

Esa noche juré nunca volver a trabajar para nadie más. Desde luego, tuve uno que otro trabajo, pero nunca me sentí cómoda. Thomas me abrió los ojos a la posibilidad de construir mi propia vida basada en una pasión, una lección que mantuve a mi lado y que alimentó el éxito de The Good Quote.

La fe que Thomas tenía en mí me inspiró un nivel de confianza que, hasta ese momento, nunca había experimentado. No se trataba solo de gestionar archivos, también importaba la responsabilidad financiera. Mi trabajo era llevar las ganancias de la compañía al banco. Él me entregaba un sobre enorme repleto de dinero que debía entregar a un cajero; sé que parece una locura porque solo era una niña, pero esta labor me enseñó a comunicarme de manera confiada con los adultos, y que ser confiable me recompensaría. Respetaba y admiraba muchísimo a Thomas, y cuando le dije que al crecer quería ser como él, sonrió y me reiteró que esa era la razón por la que invertía en mí. Las lecciones que aprendí de él, con tan solo estar en su presencia, fueron invaluables.

Aprender lecciones para toda la vida diciendo «sí»

Comparto esta historia porque todas estas enseñanzas maravillosas surgieron de decir «sí» a una experiencia nueva. Aunque era muy joven cuando comencé a trabajar para el señor Glaser, me abrió una ventana a un mundo que no habría encontrado por mi cuenta. Me mostró que observar la vida de otras personas es una manera increíble de ampliar tus propios horizontes. Es algo que me ha acompañado a lo largo de mi vida y me ha mantenido en muy buena posición. Incluso en mis periodos de depresión y autosabotaje, he sido capaz de recordar todo lo bueno que trae decir «sí».

Al asimilar nuevas experiencias —incluso cuando nuestro primer instinto es alejarnos—, enriquecemos nuestra alma.

Esto puede sonar un poco idílico, pero creo que el deseo de nuestra alma es explorar las posibilidades de su potencial. Cuando dudamos, nos estancamos, nos aferramos a nuestras zonas de «malestar» y permitimos que el miedo y la duda nos dominen; reprimimos ese potencial. Esto no quiere decir que debamos ignorar nuestro instinto; no se trata de eso, y más adelante profundizaré en el tema de la intuición. Se trata de no permitir que nuestros peores hábitos nos retengan al evitar que experimentemos algo nuevo.

A menudo la vida nos presenta situaciones que resultan poco familiares, y es comprensible que sintamos miedo de decir «sí». Pero cuando le ponemos barreras a las nuevas experiencias, adormecemos nuestro corazón. La comodidad de decir «no», en especial por miedo al fracaso o a lo desconocido, es muy tentadora. Mi consejo es que la próxima vez que te encuentres en una situación en la que tengas que decir «sí» o «no», hagas una pausa y pienses: *¿por qué voy a responder de esta forma?* Reflexiónalo a fondo. Desde luego, ¡no estoy diciendo que nunca digas «no»! Hay muchas ocasiones en las que «no» es la palabra más poderosa de nuestro arsenal (como en lo que respecta a establecer límites). No obstante, cuando enfrentes una oportunidad genuina, una que no sea dañina, arriesgada, o que drene tu bienestar, considera las posibilidades que te ofrece decir «sí» y lo que puedes perderte si dices «no».

Recuerda, hubo una primera ocasión en la que hiciste todo lo que haces ahora. Hubo un momento en el que cosas tan sencillas como cepillarnos los dientes o escribir nuestro nombre fueron nuevas para nosotros. De niños, aceptábamos estas tareas; y, si no lo hacíamos, nuestros padres nos obligaban. Esta disposición a intentar cosas nuevas es la forma en que aprendemos. Pero he notado que, cuanto más envejecemos, nos volvemos más renuentes a decir «sí» a experiencias que podrían mejorar nuestras vidas. Es como si decir «sí» resultara intimidante debido a la comodidad de la realidad que construimos para nosotros mismos. Incluso celebramos y sentimos una especie de entusiasmo cuando por fin decimos «sí» después de dudar un poco.

Cuando era más joven, me prometí no dejar que la adultez me hiciera olvidar la esencia que hace que vivir la vida valga la pena. Debemos seguir asimilando los «síes» y buscar las oportunidades nuevas que se presentan en nuestro camino o que atraemos mediante afirmaciones positivas. ¡Se trata de mantener viva esa disposición infantil!

Piensa
Lo que experimentamos hoy serán las lecciones que aprenderemos mañana. Sin experiencias nuevas, nunca aprenderemos nada nuevo.

Pregunta
¿Cuáles son las cualidades de la persona que más admiras en la vida? ¿Es alguien abierto o cerrado?, ¿valiente o tímido? ¿Es alguien lleno de interés o desdeñoso? ¿Esa persona ha dicho «sí» a nuevas aventuras en su vida?

Realiza
Piensa en una ocasión en tu vida en la que hayas vivido una nueva experiencia; puede ser cualquier cosa, chica o grande. ¡Incluso puede ser algo que hiciste porque alguien más te convenció, aunque al principio no quisieras! Ahora, mientras piensas en esa nueva experiencia, escribe tus respuestas a las siguientes preguntas:

- ¿Cuáles eran tus miedos o preocupaciones antes de la nueva experiencia?
- ¿Esos miedos se manifestaron o desaparecieron?
- Si los miedos se manifestaron, ¿cómo lidiaste con ellos?
- ¿Cómo te sentiste después de esa nueva experiencia?

Asimilamos la soledad como un medio para volver a conocernos

Pensaba que entendía lo que significaba estar sola, pero no lo comprendí realmente hasta que mamá falleció.

Hace muchos años, comencé a apreciar el valor de la soledad debido a una conversación con un amigo. En ese entonces, cuando tenía veintitantos, mi vida era un caos total. Durante ese periodo, vi cómo mis amigos prosperaban, tenían planeados sus futuros y avanzaban hacia lo que desde mi perspectiva era una dirección llena de propósito. Por otra parte, yo era una desertora universitaria y una desempleada que luchaba por encontrar su lugar en el mundo y a menudo me sentía desesperanzada respecto a mi futuro. Me mantuve ocupada involucrándome en varios tipos de distracciones, sin tener el valor suficiente para enfrentarme a mí misma y a mis problemas. Hubo momentos en los que quise rendirme.

Mi amigo, con quien me estaba desahogando respecto a mi incapacidad para gestionar mi tiempo de manera adecuada y lo mucho que ansiaba la soledad, me preguntó cuánto tiempo pasaba *realmente* conmigo misma. Pensé que sabía la respuesta.

—Siempre que estoy sola; paso tiempo conmigo misma, ¿no?

Pero, al hacer una lista de mis actividades típicas durante mi «tiempo para mí», pronto se hizo evidente que, incluso en la soledad, nunca estaba *realmente* sola. Coqueteaba con el escapismo constantemente: revisaba sin parar mis redes sociales, hacía maratones de Netflix o conducía sin rumbo por horas. Hacía lo que fuera para distraerme de mí misma y así evitar la autoconfrontación, lo que de manera inadvertida afectaba mi crecimiento y creaba una sensación de estancamiento y frustración.

Al hacer cambios en mi vida, aprendí que la calma y la verdadera soledad son los componentes principales que necesitamos para explorar las profundidades de nuestro ser. Cuando dirigimos la atención hacia el interior, nos volvemos conscientes de los susurros que yacen dentro de nosotros. Esta fue una de las ideas de las que extraje inspiración cuando tuve que enfrentar el punto más bajo y difícil de mi vida.

Enfrentar el peor trauma de mi vida

En 2020, mi peor miedo se volvió realidad: el cáncer de mi mamá regresó. Esta vez fue más agresivo e invadió sus huesos, la circunferencia de su cráneo y su cuello. Dios, fue tan difícil ver a mamá pasar por ese dolor físico, emocional y mental. Yo pude soportarlo recordándome que tenía un trabajo que realizar, es decir, hacer todo lo posible para prolongar su vida. Mi mamá era mi todo. Siempre habíamos sido ella y yo. Viajamos a Santa Lucía durante la pandemia de COVID-19, y aunque mi vida extravagante siempre había sido demasiado para mamá —ella era una mujer pequeña y humilde—, gasté todo el dinero que pude en remedios naturales para ayudarla, así como en expertos médicos privados, estudios y enfermeras.

A pesar de todos estos esfuerzos, ya era tarde. Falleció en marzo de 2021. Fue la experiencia más traumática de mi vida. No podía concebir que mamá se hubiera ido. Tanto el día en que falleció como los días siguientes los pasé adormecida y confundida. Hubo momentos en los que ni siquiera estaba segura de querer seguir adelante. Experimenté las semanas más horrendas de caos, conmoción y dolor mientras sorteaba el complejo proceso de planear su funeral en Trinidad, honrando su último deseo de descansar ahí.

Por primera vez en mi vida, me encontraba completamente sola y tuve que aprender a mantenerme en pie. No fue fácil, y podría escribir un libro entero de lo que viví después del fallecimiento de mamá. Pero tuve que pasar por el dolor de perderla por mi cuenta, ya que era mi dolor personal. Gracias a mis experiencias previas con el estancamiento y la depresión, aprendí que todo aquello de lo que intentamos escapar reside dentro de nosotros, de modo que nuestro dolor siempre nos persigue sin importar lo que hagamos o cuánto nos alejemos.

No podemos escapar de nosotros mismos y de nuestras emociones, pues tenemos la responsabilidad innata de establecer una relación sana con nosotros mismos (que es la idea central de este libro). Esta es la razón por la que debemos enfrentarnos a nosotros mismos, no solo para asegurarnos de desarrollar una autoconciencia verdadera, sino también para forjar la fortaleza interior que necesitaremos cuando la vida nos arroje estos desafíos descomunales. De modo que, cuando el dolor se apoderó de mí, tuve que aceptarlo y enfrentar lo peor de él, porque era algo completamente inevitable.

Comprendo lo difícil que puede ser para algunos estar solos; para muchos, resulta casi doloroso no tener a nadie cerca. Esto se puede deber a todo tipo de razones: a algunos se les dificulta estar en su propia compañía, porque el silencio amplifica los pensamientos que intentan evitar; otros podrían ser naturalmente

La calma y la verdadera soledad son los componentes principales que necesitamos para explorar las profundidades de nuestro ser. Cuando dirigimos la atención hacia el interior, nos volvemos conscientes de los susurros que yacen dentro de nosotros.

extrovertidos, lo que significa que obtienen su energía personal al comunicarse e interactuar con los demás. Pero ni estas ni otras razones son motivo suficiente para evitar la soledad.

La fuerza de la soledad intencional

Integrar la soledad en nuestras vidas no solo es beneficioso, sino esencial. No obstante, hay una diferencia significativa entre estar solo y sentirse solo. Estar solo es intencional, una elección. Sentirse solo no lo es.

> La soledad ofrece una sensación de belleza que nos permite existir sin distracciones superficiales y profundizar en el autodescubrimiento.

En la parte 1, descubrimos que alimentar el ego solo nutre nuestras inseguridades. Aprender a asimilar la soledad es, en esencia, la antítesis de eso. Nos alienta a liberar nuestra fijación con la arrogancia superficial y, en su lugar, nos sentimos cómodos adoptando una verdadera autoconciencia y siendo nuestro mejor amigo. Por esta razón, muchos practicantes de la meditación, incluyendo budistas y líderes espirituales, consideran la soledad una parte central de sus vidas: un camino hacia el entendimiento y la paz interior.

Sé que no es algo que todos puedan hacer, pero los retiros solitarios, cuando es posible realizarlos, pueden ser increíblemente satisfactorios. Incluso si solo es un rincón tranquilo en casa, crear un espacio de autorreflexión puede ser un camino maravilloso de autoconocimiento. Si constantemente nos distraemos o nos enfocamos de manera desproporcionada en gastar nuestro tiempo y energía en asuntos externos, ¿cuándo tendremos tiempo para fortalecer, evolucionar y nutrir una relación con nosotros mismos? (Si no te es posible realizar esto, no te preocupes, hay otras opciones. Más adelante te daré algunas sugerencias adicionales).

Entendernos a nosotros mismos es un viaje desafiante que no tiene que ver con darnos palmaditas en la espalda todo el tiempo. Como mencioné, a veces enfrentar nuestras verdades puede ser desestabilizador. Sin embargo, a través de la soledad intencional y de pasar tiempo *realmente* a solas con nuestros pensamientos, podemos desarrollar claridad. Para mí, abrazar la soledad tras la muerte de mamá significó confrontar el dolor sin titubeos y vivir lado a lado con mi pesar. Tuve que aprender a aceptar los días en los que mi corazón seguía roto luego de despertar. Pero aprendí a confiar en el proceso, a superarlo paso a paso.

Piensa

En este mundo hiperconectado, donde somos juzgados por el número de seguidores que tenemos en redes sociales, es fácil devaluar la soledad. Elegir la soledad es un poder, no una debilidad.

Pregunta

¿Cómo te hace sentir la idea de estar solo? Si te hace sentir incómodo, ¿por qué es así? ¿Qué emociones te genera? Si te sientes bien con la idea de la soledad, ¿cómo percibes eso?

Realiza

Comienza a pasar tiempo realmente a solas; es decir, sin teléfono, ¡ni siquiera silenciado! Comienza con solo 10 minutos al día en un lugar tranquilo, cuando sepas que nadie te interrumpirá. Poco a poco, conforme se vuelva una práctica regular, trata de sumar minutos.

No hay prisa ni hace falta que agregues la presión de meditar o ser «plenamente consciente» por el mayor tiempo posible. No es una competencia ni vas a recibir una estrellita de oro. Simplemente deja que el tiempo se desenvuelva a su manera.

Percibimos el pedir ayuda como un superpoder

Durante mucho tiempo me aferré a la creencia de que pedir ayuda era una debilidad. Fue algo que me vi forzada a confrontar y he aprendido que, de hecho, es todo lo contrario.

Solía enorgullecerme de ser la persona en la que otros podían apoyarse, como una especie de superheroína, pero nunca me daba a mí misma ese nivel de compasión. Desde luego, no concebía la idea de que en algún momento necesitaría ayuda. *¿Por qué? Puedo manejar mi propia existencia yo misma.* En mi mente, la «ayuda» iba en un solo sentido. No obstante, este punto de vista no me funcionó muy bien; la vida tiene formas de hacernos humildes. Mis esfuerzos no lograron ayudar realmente a las personas a las que intentaba apoyar; en vez de eso, enfrenté resistencia y falta de cooperación. Fue casi como si mi misión de ayudar a los demás fallara a propósito, porque interrumpía sus destinos mientras, en el proceso, ignoraba mis propias necesidades. Mi preocupación por los demás me distraía y hacía que me alejara cada vez más de mí misma.

Modificar mi actitud respecto al apoyo

Solía pensar que mi resistencia a buscar ayuda se debía a que nunca la había necesitado y a que pocas veces vi que mi mamá la recibiera. Ella siempre tenía una solución y todo resultaba como lo había planeado. Mamá era alguien extremadamente independiente que se podía valer por sí misma, pero mi caso era diferente.

A lo largo de mi vida he recibido mucho apoyo constructivo, comenzando obviamente con mamá, los adultos mayores de mi comunidad y profesores como el señor P., el prefecto de la secundaria con quien llegué a un acuerdo sobre mi actitud negativa con el aprendizaje; Lincoln Beckford, el mentor de nuestra comunidad que se encargó de aliviar nuestras almas cuando perdimos a Kyle; Thomas Glaser, el jefe de mamá, quien me ayudó a ver un mundo más allá de los confines de mi entorno inmediato; mi socio comercial, Wale Kalejaiye, quien me apoyó creativamente a lo largo de todo mi viaje empresarial: me brindó su ayuda con generosidad, y me sentí afortunada de recibirla.

Al embarcarme en mi largo periodo de mejora personal, mi perspectiva respecto a la ayuda comenzó a cambiar. Me di cuenta de que se requiere fuerza para pedir ayuda o admitir tus vulnerabilidades. Aun así, no comprendí la importancia de esta verdad hasta que perdí a mamá. Estaba completamente indefensa y solo entonces fui plenamente consciente de la verdadera fortaleza que surge al buscar ayuda.

> Pedir una mano a la cual aferrarte, un hombro para apoyarte o un oído que te escuche durante tus momentos más oscuros es un acto poderoso. En esos momentos, podemos atestiguar realmente los ejemplos más sinceros de conexión y apoyo.

Permitir la ayuda de los demás durante el duelo

Mi mamá falleció en Santa Lucía, una isla que siempre prefirió sobre Trinidad por su belleza botánica. Sucedió durante la pandemia de COVID-19; estábamos varadas debido a las restricciones de viaje. Quedé desorientada y completamente desconectada de mí misma. El peso de mi dolor estando atrapada en una isla me consumió.

Las personas de la comunidad local (una extensión de los amigos que habíamos hecho) me apoyaron y me cuidaron. Su amabilidad se volvió mi ancla. El último deseo de mi mamá fue volver a reunirse con su abuela, pero yo no tenía el dinero para transportar su féretro.

Le rogué a mi abuelo que me ayudara y él cubrió los gastos. Después de su funeral, tuve que permanecer en Trinidad por un año debido al cierre de fronteras; me hundí en una profunda depresión.

Creí que podría confiar en mi familia, pero usaron esa oportunidad para reprenderme.

—Por fin recibes una probada de realidad —me dijeron—. Tu mamá no está aquí para salvarte. ¿Qué harán por ti tus seguidores ahora?

De hecho, el día del funeral de mamá, mi primo no me permitió bañarme en el baño familiar; tuve que hacerlo afuera, donde vivían los perros, usando una manguera. Gasté lo que quedaba de mis ahorros para poder dejar su propiedad y rentar un pequeño departamento en el centro de la comunidad, cerca de un «gueto» en Marabella. Allí estuve rodeada por las personas más gentiles que he conocido.

Sus vidas contrastaban con mi experiencia en Reino Unido. Mi madre nació y creció en una casa de madera con techo de lámina y una letrina, por lo que estaba bastante preparada para la realidad de mi situación, pero vivir ahí todos los días fue muy diferente de mis visitas anuales previas. Por primera vez, enfrenté la dura realidad que viven las personas en condición de pobreza.

Una comunidad a menudo juzgada por la mayoría tenía valores morales más sólidos que muchas personas en entornos más prestigiosos. Vi a hombres levantarse temprano por la mañana para trabajar en empleos gubernamentales, tratando de cubrir sus necesidades; a mujeres con muchos oficios, desde cocinar y limpiar, hasta construir muebles, quienes llegaban al final de cada semana apenas con el dinero suficiente para mantener a sus familias. Incluso las personas con adicciones limpiaban las áreas comunes a cambio de dinero para comida. El barrio tenía su propio ecosistema. La única desventaja era la violencia perpetuada por la política interna.

En medio de todo ello, la historia de una mujer dejó una impresión indeleble en mí. Era una pescadora local, con una ética laboral firme y una mente aún más fuerte. Racionaba el dinero y trabajaba durante horas en el mar solo para ofrecerle una mejor vida a su hija. Naturalmente, eso me recordó el flujo de oportunidades que yo había tenido debido a los sacrificios y el trabajo duro de mi madre. La pescadora tenía creencias espirituales profundas y mencionaba a Dios en casi todo lo que decía. Le resultaba increíble que yo hubiera nacido en el extranjero, siendo hija de una mujer criada en un entorno similar al suyo. Me dijo que era deshonroso para la memoria de mi madre desperdiciar mis días sufriendo.

Yo estaba atrapada en una red de conductas autodestructivas; hacía cualquier cosa para adormecer el trauma que había enfrentado al ver a mi mamá fallecer en circunstancias tan extremas. Comenzaba y terminaba mis días fumando y bebiendo ron, y buscaba de forma casual en Google formas éticas de terminar mi vida sin enfurecer a Dios. Estaba perdida en un mar de depresión.

Entonces llegó una poderosa revelación, cuando la pescadora me miró con total convicción y dijo:

—Niña, no tienes que estar aquí. He seguido tu Instagram por años; tienes oportunidades que yo no podría ni imaginar. ¡Ponte de pie!

Fue una llamada de atención firme y un recordatorio para reclamar la vida que mi mamá me había dado con tanto esfuerzo.

Exploré toda mi red en busca de conexión y apoyo: colegas, amigos e incluso conocidos casuales de Instagram. Poco a poco comencé a reconstruir mi vida, no solo volviendo a trabajar y recuperando mi estabilidad financiera, sino también siendo transparente y vulnerable respecto a mis dificultades para lidiar con el fallecimiento de mi mamá. La profundidad de mi dolor me dejó perpleja y llena de preguntas: *¿por qué se siente como si hubiera perdido a un hijo?, ¿es porque yo cuidaba de ella? Sé que falleció, pero necesito decirle lo que ha pasado desde que se fue. ¿Por qué los colores a mi alrededor se apagaron? ¿Volveré a ver los atardeceres igual que antes? Nunca había pasado tanto tiempo sin hablar con mi mamá, mi mejor amiga. ¿Con quién puedo tener conversaciones íntimas ahora? ¿Por qué mamá solo vio su valía en sus últimos seis años de vida? ¿Por qué nos sucedió esto?*

Sí... este viaje no estuvo exento de desafíos.

Un amigo me puso en contacto con un terapeuta que me presentó algunas verdades para las que no estaba lista. Después de nuestra sesión, no volví a hablar con él durante nueve meses. Mi conducta destructiva me consumía demasiado y no estaba preparada para sanar o enfrentar la realidad. No obstante, incluso en mi ausencia, Michael Adams, mi terapeuta, no se rindió. Me llamaba esporádicamente para saber cómo me sentía, asegurándome que esperaría a que yo estuviera lista. Su paciencia fue un regalo que me permitió alcanzar un lugar de aceptación y sanar de formas inimaginables.

> Es interesante cuando el universo te envía a alguien, a un extraño que deja una marca permanente en tu camino y tu futuro.

La ayuda fluye como las olas, y cuando la marea baja, es fácil convencernos de que está fuera de nuestro alcance. Nos deja sintiéndonos solos y abandonados en una costa vacía. Pero, como siempre, la ayuda vuelve, como las olas de una marea entrante que acaricia nuestros pies.

Entender el poder de pedir ayuda

En los últimos años, he recibido ayuda de muchísimas personas. Solía pensar que no existían las «buenas personas». Me acostumbré tanto al caos en mi vida que la noción de paz que los demás me ofrecían parecía un recuerdo distante. Mis experiencias me enseñaron que la ayuda fluye como las olas, y cuando la marea baja, es fácil convencernos de que está fuera de nuestro alcance. Nos deja sintiéndonos solos y abandonados en una costa vacía. Pero, como siempre, la ayuda vuelve, como las olas de una marea entrante que acaricia nuestros pies. Si lo decidimos, podemos dar un paso al frente, encontrarnos con ella y sumergirnos en su gracia de nuevo.

Sé que no estoy sola en lo relativo a aprender a pedir ayuda y aceptarla. ¿Por qué nos resulta tan difícil? Considero que hay muchas razones detrás de esto. Desde la infancia se nos enseña que valernos por nosotros mismos es sinónimo de fuerza, que ser independientes es ser «fuertes», que debemos pelear nuestras propias batallas y que «madurar» significa volvernos menos dependientes de los demás. Más aún, este mundo a menudo se siente como un lugar solitario, y cuanto más se digitaliza nuestra comunicación, más crece la distancia entre nosotros. A veces es fácil sentir que la sociedad ya no otorga mucho valor a las conexiones reales. Muchas relaciones, en especial las que ocurren en internet, tienen un trasfondo transaccional que nos hace sentir vacíos. Durante la pandemia de COVID-19, esta sensación creció en nuestro interior, ya que no podíamos conectar de manera física.

Aceptar la ayuda no es dependencia

Debemos aprender que pedir ayuda no es un signo de debilidad, ni significa que dependas de los demás. De hecho, son cosas completamente diferentes. Solicitar la ayuda de alguien es un acto de valor: te estás permitiendo ser vulnerable con los demás por un momento, mostrándoles que confías en ellos y valoras su apoyo. Como vimos, depender demasiado de los demás significa transferir tu sentido de valía a otra persona. Es sano buscar apoyo, pero es crucial mantener nuestra independencia y no someter nuestra autoestima a los demás. Lo primero es una elección que requiere fuerza; lo segundo es ceder tu poder.

Es un cambio que transforma nuestra perspectiva. Una vez que aceptamos que nadie nos debe nada, podemos comenzar a apreciar todavía más a quienes hacen un esfuerzo por nosotros. Nadie está obligado a brindarnos ayuda, pero sí merecemos recibirla. Aprende a aceptarla cuando te la ofrecen y a pedirla cuando la necesites. Todo lo positivo que recibimos de alguien es un obsequio que debemos apreciar.

Piensa

No debes avergonzarte por pedir ayuda. No serás menos respetado si decides soltar algo y delegarlo a los demás. El trabajo en equipo solo funciona si permites que tu equipo trabaje.

Pregunta

¿Cuándo fue la última vez que le pediste ayuda a alguien? ¿Por qué lo hiciste y cuál fue el resultado? ¿Cómo te sentiste después?

Realiza

Piensa en algo —sin importar lo pequeño que sea— que se te dificulte manejar por ti mismo. Puede ser cualquier cosa, como llenar una solicitud de empleo o buscar un destino para vacacionar, ¡o incluso no tener algún ingrediente que necesites en el refrigerador! Después, reúne valor para pedirle a alguien de confianza que te ayude a resolverlo. ¡Un paso a la vez!

Nos perdonamos a nosotros mismos por conformarnos con menos de lo que merecemos

En este momento, considero que es justo decir que estoy en una de las relaciones más enriquecedoras que he experimentado. Para ser clara, no lo digo por presumir. Lo verdad es que han tenido que pasar años de relaciones nada ideales para llegar a este punto. Solo ahora puedo asimilar completamente cuán dañinas eran en realidad mis relaciones pasadas.

Siendo honesta, al mirar atrás y explorar algunas de las conexiones que me esforcé tanto en mantener, no puedo evitar preguntarme: *¿Qué demonios estaba pensando?* Es decir, ¿cuánto tengo que rezar para borrar esos recuerdos de mi memoria? Ni si quiera puedo concebir por qué me sentía tan cómoda en esos espacios en primer lugar. Pero, en aquel entonces, estaba más que cómoda; esos entornos eran mis santuarios.

Ya no me permito pensar demasiado en errores pasados. Remplazo esa energía con gratitud, y agradezco que esas experiencias, tan duras como lo fueron, ahora me brinden claridad respecto al nivel de crecimiento que he alcanzado desde entonces. Un ejemplo fue un chico con el que salí más o menos a los 25 años. Mis amigos prácticamente me rogaron que rompiera con él. En ese entonces, estaba tan perdida que de verdad no era capaz de ver cuán malo era para mí.

En aquella época, tenía demasiadas inseguridades, mi autoestima estaba por los suelos y mi confianza prácticamente no existía. Estaba más enfocada en lo maravillosos que lucíamos como pareja que en protegerme del estrés emocional que la relación me causaba. No podía ser yo misma, porque eso solo exacerbaba las tensiones en nuestra relación. Por ejemplo, una vez alardeó de que avergonzarme frente a los demás le causaba placer. En una ocasión, mientras compraba su primer coche, le pedí al vendedor que nos mostrara las ofertas y de inmediato cambió la atmósfera. Mi ex hizo un berrinche y se fue; nos dejó al vendedor y a mí sonriendo incómodamente antes de recoger mis pertenencias y salir tras él a toda prisa. Al parecer, fui demasiado amistosa. En otras ocasiones, él creaba momentos en los que me sentía lo bastante segura como para compartirle mis inseguridades más profundas, pero él tomaba esa información y la usaba como arma en peleas futuras.

Cuando la relación terminó, pesaba 25 kilos más; kilos de estrés adicional dispersos por todo mi cuerpo. Estaba en un estado horrible física y emocionalmente. Mamá trató de convencerme de que merecía algo mejor, pero yo no era capaz de verlo. Ahora, al mirar las fotografías de ese periodo, me veo a través de un lente totalmente nuevo y diferente de cómo me sentía respecto a mí misma en ese entonces.

Tener otra perspectiva respecto a las relaciones dañinas

Como ya mencioné, estoy convencida de que nuestra energía tiende a atraer a las personas con las que hace eco; en mis años de juventud, mi aura era de desesperación, deseos de complacer a los demás y dudas respecto a mí misma. No me amaba, por lo que no es de sorprender que atrajera a individuos que tampoco me amaban. Puede que en el momento no lo veamos —sin duda yo no lo veía—, pero los demás pueden percibirlo casi al instante.

De hecho, muchos de mis amigos varones aseguran ser capaces de identificar a distancia a las mujeres inseguras. Es casi imposible describirlo en palabras, pero tienen una vibra particular, una especie de señal que grita: «No soy consciente de la belleza que poseo, por favor, que alguien me reconforte», o «No me valoro a mí misma». Me tomó mucho tiempo resolver eso. Incluso hace apenas unos años, después del fallecimiento de mi mamá, estuve en una relación con un manipulador que me distraía de mi propósito, y me hacía depender de él y de fuentes exteriores de escapismo.

Fue una lección dura respecto a la forma en que el amor puede ser usado como un arma en tu contra, aunque es una enseñanza que me alegra haber aprendido. Fui capaz de alejarme entendiendo que siempre debemos reconocer la fortaleza que hay dentro de nosotros, en especial durante las etapas más desafiantes de nuestras vidas.

> En los momentos de vulnerabilidad, cuando la vida se cubre de tristeza y desesperación, es demasiado fácil que las personas equivocadas parezcan salvadoras, como si fueran caballeros en armaduras brillantes.

Normalmente estos individuos no podrían acercarse a ti, pero al estar en un estado vulnerable les das acceso sin notarlo y, antes de saberlo, terminas hechizado y dependiendo de ellos en vez de valerte de tu propia fuerza.

Por desgracia, estas relaciones tóxicas son demasiado comunes. Las veo en todas partes; no solo entre personas que conozco, sino también entre completos extraños. Invierte unos minutos en Reddit, haz una búsqueda en Google o escucha un pódcast sobre relaciones y te darás cuenta de que demasiadas personas sacrifican o pierden buena parte de sus vidas en relaciones dañinas.

Todos hemos escuchado historias de personas que pasan años, o incluso décadas, con alguien en una relación desigual, solo para tener una epifanía tiempo después, cuando finalmente se dan cuenta y piensan: *Ay, por Dios, he estado con un parásito la mayor parte de mi vida*. Y sí, sé que «parásito» es una palabra horrible para referirse a alguien, pero cuando una relación drena tu energía, se roba tus mejores años y hace que al mirarte al espejo percibas a alguien visiblemente vacío, ¿qué otra palabra se puede usar? Saber que perdiste tanto tiempo con alguien que no lo valía es impactante y muy desconcertante. Desde luego, una vez que reconoces esta pérdida con claridad, es natural que quieras guardar luto.

¿Por qué es fácil castigarnos a nosotros mismos?

Es muy fácil caer en la trampa del autocastigo cuando pasa el tiempo y vemos con claridad nuestros errores. A mí me resultó difícil no hacerlo después de dejar esa relación dañina en mis veinte. No podía comprender lo inconsciente que había sido y a menudo me reprochaba aquello que parecía un acto prolongado de autolesión.

Fue difícil no sufrir por mi yo del pasado, incluso mientras intentaba cultivar mi amor propio. Sin embargo, necesitamos tener en cuenta que conformarnos con relaciones decepcionantes es un error común que muchos cometemos. Es un error humano, comprensible y universal. No es una experiencia única que nos convierta en «fracasados». Pasar por estas experiencias nos enseñará algo valioso, siempre y cuando estemos dispuestos a reconocer estas lecciones y aplicarlas.

Obtener aprendizajes valiosos a partir de nuestras experiencias negativas

Si nos esforzamos y nos comprometemos a fortalecer nuestra relación con nosotros mismos, podremos lograr dos cosas cruciales. La primera es que podremos liberarnos de las relaciones que nos drenan. La segunda, y quizá la más importante, es que evitaremos repetir los mismos errores. Hay un dicho famoso que a veces se atribuye a Einstein: «Locura es hacer lo mismo una y otra vez y esperar resultados diferentes». Esto se puede aplicar a los patrones en los que caemos con frecuencia en relaciones dañinas.

> Las relaciones sanas no nos obligan a encogernos o a apagar nuestra luz para que la otra persona se sienta validada, superior o cómoda. Las relaciones sanas no nos exigen ignorar nuestras propias necesidades o enterrar nuestros deseos y pasiones. Las relaciones sanas no nos hacen sentir insuficientes.

Si nos doblegamos, tarde o temprano nos rompemos. Entendí que una relación sana depende de la comunicación abierta, la honestidad y un intercambio balanceado de amor y atención. Tenemos el deber de cuidar y protegernos. Así que, cuando por fin aceptamos las *red flags* que hemos ignorado y nos damos cuenta de que invertimos en la persona equivocada, merecemos aplaudirnos en lugar de criticarnos. Con el tiempo que le dedicamos, *ya pagamos* un precio muy alto por conformarnos con un amor insuficiente.

Si ya dejamos una relación dañina, no tenemos que drenarnos todavía más castigándonos mental y emocionalmente por ello. Después de todo, no podemos reescribir la historia, pero si podemos influir en el futuro. Deberíamos celebrar el hecho de que alcanzamos un nivel de autoconciencia que nos prepara para ser vistos y amados de verdad por alguien más, incluso si ese momento aún no llega. Porque cuando el amor genuino nos encuentra, es el regalo más puro que podemos recibir.

Piensa
Está bien y es completamente válido guardar luto por el tiempo perdido en una relación dañina. Sin embargo, no es productivo dejar que ese pesar se convierta en una fuerza autodestructiva que te hunda todavía más.

Pregunta
Ponte en los zapatos de un buen amigo. Si alguien cercano a ti hubiera terminado una relación recientemente, ¿qué le dirías? ¿Lo harías sentir mal por sus decisiones o le ofrecerías bondad, comprensión y compasión, y lo animarías a perdonarse a sí mismo?

Realiza
Anota cinco cualidades de un amigo al que ames y valores. No lo pienses demasiado, pueden ser las primeras que se te vengan a la mente. Ahora vuelve a leerlas. Si estás en una relación, ¿estas cualidades son similares a las de tu pareja? Si no tienes pareja, ¿estos atributos coinciden con lo que buscas en una pareja futura?

¿Adivina qué? En ambos casos, la respuesta debería ser sí.

Aceptamos que está bien dejar atrás ciertas amistades al madurar

Al reflexionar sobre lo que he escrito hasta ahora en este libro, resulta claro cuán importantes han sido mis amistades para construir mi vida.

Mencioné a mis amigos, el papel que desempeñaron, su influencia y las experiencias que viví con ellos, ¡incluso más de lo que dije acerca de las conexiones románticas! Siendo honesta, considero que es una experiencia universal para todos. No digo que las relaciones con personas especiales no sean importantes para nuestras vidas, claro que lo son. Pero a veces el valor inherente y el poderoso impacto de las amistades quedan opacados por la intensidad y el drama que a menudo acompaña al amor y a los vínculos románticos.

Mis amigos me han aportado perspectivas invaluables...

Mis amigos han enriquecido mi vida de muchas formas, incluso ofreciéndome nuevas perspectivas respecto a culturas y comunidades diversas. Al crecer en un área predominantemente blanca, nunca pensé mucho en el concepto de la diversidad. Era joven y no me preocupaba por ello. Tenía muchos amigos de distintas nacionalidades: galeses, irlandeses e ingleses. Mi mamá me infundió un sentido sólido de orgullo y conciencia respecto a mis raíces trinitenses, de modo que sabía quién era y de dónde venía. Además, los domingos asistía a una iglesia pentecostal antillana, donde había muchos jamaiquinos.

Pero todo cambió cuando ingresé a la escuela secundaria e hice amistad con niñas de diversas religiones y trasfondos culturales. Comencé a entender a la comunidad musulmana gracias a Nowsheen, y Vanessa me enseñó sobre la cultura filipina. Jamiila me ofreció mi primera impresión respecto a la crianza interracial, ya que su madre era finlandesa y su padre era jamaiquino. Emma era de cuna británica, con tendencias liberales; ella fue la primera persona que conocí que decía groserías enfrente de su mamá, ¡algo que yo ni siquiera podía imaginar sin sufrir repercusiones inmediatas! Admiraba las libertades que tenía.

Mi círculo se expandió todavía más cuando entré a la preparatoria, donde conocí a mis primeros amigos caribeños y africanos. Gracias a ellos, aprendí mucho más sobre la cultura negra: nuestra música, nuestro idioma y nuestras experiencias colectivas. Estos amigos, provenientes de diversas partes de Londres, me enseñaron un nuevo lenguaje, peinados y perspectivas que diferían de las de mi área local. Esto me abrió los ojos todavía más.

Pero la amiga que más influyó en mí es una mujer mayor a quien conocí gracias a la iglesia de mamá. Ahora tiene 89 años y es mi fuente personal de sabiduría y espiritualidad. Al igual que los padres de mi mamá, ella fue parte de la generación Windrush. Incluso fue una figura materna para mamá; la apoyó en sus veintitantos y la ayudó a encontrar refugio en la iglesia para que escapara de los horrores de su hogar abusivo. Aquella mujer se me acercó cuando yo era pequeña, me ofreció sus oídos durante una clase de la escuela dominical (la escuela dominical me aburría hasta el hartazgo), y desde entonces ha sido mi mejor amiga.

Mamá solía contarle respecto a los dones con los que yo había sido bendecida de niña y sobre las cosas que imaginaba, proclamaba o soñaba. Gracias a Millie Scarlet, no solo conocí perspectivas invaluables respecto al cristianismo, sino también una nueva confianza en mis dones espirituales que ella nunca minimizaba ni ridiculizaba. Ella me demostró que la amistad no solo es algo que compartes con personas de tu edad, sino una conexión espiritual que puede forjarse entre dos personas de todo tipo.

... pero también profundas rupturas de corazón

Sin embargo, también he cometido demasiados errores con mis amistades, muchísimos errores. Ya hablé de muchos de ellos a lo largo de este libro. Permití muchas cosas, ya fuera priorizar a los demás por encima de mí, permitir que las personas explotaran mis primeros éxitos, coincidir con personas que no compartían los mismos valores que yo o tolerar ser tratada como una fuente de ingresos. No me di cuenta de lo afortunada que era de tener a personas auténticas y cariñosas a mi alrededor hasta que terminé rodeada de quienes eran todo lo opuesto.

Todavía tropiezo, cometo errores y tomo malas decisiones. He permitido que personas con vibraciones bajas se acerquen a mí y a quienes amo simplemente por confiar demasiado pronto. Esta decisión provocó que mi madre estuviera expuesta a un alto nivel de estrés y a conductas amenazantes durante sus últimos meses, por no haber sido precavida al considerar a alguien un amigo.

Ahora veo que mi necesidad subyacente de ser querida atraía a las personas equivocadas. Pero eso no significa que el costo emocional sea menor cuando te das cuenta de que esas personas no son verdaderos amigos. He comenzado a reconocer que el dolor que cargo no desaparecerá hasta que decida hacer los cambios necesarios para crecer... y eso también incluye a las amistades. A diferencia de las relaciones románticas, hay otro tipo de sensación cuando termina una amistad. No hay una «ruptura», ni «superas» a las amistades, sino que te distancias espiritualmente.

Entender que algunas amistades no tienen que perdurar

Hay un dicho muy famoso que dice que los amigos llegan a tu vida por una temporada, un motivo o una vida. Si bien no puedo darme el crédito por esas palabras, sí encuentro un valor inmenso en el mensaje que transmiten. Después de todo, no existen muchas guías respecto a la forma de aceptar y sortear las amistades que han llegado a su fin de forma natural. Todos estamos tan enfocados en dar y recibir consejos respecto a cómo lidiar con nuestras vidas amorosas que no tenemos ni idea de qué hacer cuando el estado de nuestras amistades es caótico.

Mi interpretación de este dicho es que resulta esencial entender que no todas las amistades serán un elemento fijo en nuestras vidas. Algunas resistirán la prueba del tiempo, lo que me resulta hermoso; hay algo increíblemente enriquecedor en mantener una conexión profunda con alguien que te ha conocido a través de las diferentes fases de tu vida. Sin embargo, no todos están destinados a acompañarte por todo tu viaje, y eso está bien. Creo con firmeza que cada persona que conocemos cumple con un propósito durante una temporada específica de nuestras vidas, y que cada individuo trae consigo enseñanzas que debemos aprender. A veces las amistades expiran de manera natural, no necesariamente porque alguna de las partes hizo algo «malo», sino solo porque su temporada llegó a su fin.

¿Por qué las amistades se desvanecen?

Hay un sinfín de motivos por los que las amistades evolucionan o se desvanecen. Puede ser algo tan simple como que los compromisos de la vida no les permiten pasar tiempo de calidad juntos, o quizá se den cuenta de que las bases en común que solían compartir no son tan sólidas como lo parecían. Sin embargo, no hace falta que ocurra algo así. Puede suceder que el sentimiento dentro de la conexión que alguna vez compartieron simplemente ya no exista.

Lo importante es reconocer y honrar esa situación y no prolongar el proceso de distanciarte de las personas. No es sano aferrarse a un vínculo que llegó a su fin de manera natural. La aceptación es fundamental. En algún punto, debemos entender que no todos permanecerán en nuestras vidas para siempre. Algunas personas están en nuestras vidas durante una temporada y después la relación se desvanece cuidadosamente conforme ambos se distancian. Es algo natural.

El proceso de separación de un amigo puede ser doloroso y generar una mezcla de emociones diferentes; no existe una sola forma de superarlo. Pero lo importante es el respeto y el cuidado que muestras en el proceso. No tienes que ignorar sus mensajes y llamadas. Si resulta claro que sus caminos se están separando, permite que eso ocurra de manera pacífica. Sigue avanzando, lleva contigo la sabiduría que obtuviste al pasar tiempo juntos y despídete con gentileza. Depende de ti decidir cómo hacer eso, pero ofrécele a esa persona la estima que te gustaría recibir. Nunca se sabe; si la vida decide que ambos tienen más que aprender el uno del otro, tal vez vuelvan a encontrarse.

Reconocer cuando una amistad nos daña

Desde luego, hay ocasiones en las que resulta inevitable encontrar amistades que parecen enriquecedoras por fuera; pero, al analizarlas de cerca, demuestran ser dañinas para nuestro bienestar mental y emocional. Es vital que seamos capaces de reconocer estas influencias negativas y tengamos el valor de retirarnos de estas situaciones.

En este libro, he relatado mis experiencias con personas que alguna vez consideré amigos, quienes me dañaron más de lo que me beneficiaron y fomentaron mis peores hábitos para su propia comodidad. Es duro saber que a veces las personas en quienes nos apoyamos para levantarnos en realidad se benefician de que decidamos limitarnos y reducirnos; así perpetúan nuestros hábitos dañinos. Por esta razón, es necesario resguardar nuestra paz interior y protegernos de esos amigos cuestionables que encuentran placer en nuestras caídas y no en nuestros logros y felicidad.

> La vida es demasiado corta y valiosa como para desperdiciar tiempo justificando las acciones de aquellos que no desean nuestro bienestar.

Todo lo que expliqué en el capítulo anterior respecto a lo que *no* es amor también aplica para las amistades. Recuerda que una amistad sana y equilibrada es un péndulo que oscila en ambas direcciones, y debe promover la alegría y elevar tu espíritu. Nunca debería hacerte sentir menos, reducido o decaído, ni debería obligarte constantemente a descuidar tus propias necesidades.

Cuando tenemos verdaderos amigos en nuestras vidas, pueden brindarnos mucha luz y apoyo, especialmente en los periodos de vulnerabilidad. Tras el fallecimiento de mamá, lo que me ayudó a salir adelante fue el apoyo y la compasión de mis amigos, tanto los de Trinidad como los de Reino Unido. No solo me dieron apoyo emocional, sino que también me ofrecieron ayuda financiera y amabilidad incondicional, algo que quedará marcado en mi memoria para siempre.

Por eso es imprescindible buscar conexiones con personas que complementen nuestras vidas y se preocupen por nosotros de manera genuina, porque mientras el vínculo siga fortaleciéndose, también cambiará el papel que desempeñan en tu vida. Estas personas pasan de ser simples conocidos a amigos, y luego se convierten en pilares de apoyo. Tenemos que identificar las cualidades e intenciones de quienes están cerca de nosotros y prestar atención a la forma en que nos hacen sentir, ya que su influencia tiene el poder de impactarnos tanto positiva como negativamente.

Piensa

Podemos elegir entre los amigos que nos alientan a evolucionar y aquellos que fomentan nuestras malas conductas y encuentran comodidad en nuestra incomodidad. Recuerda, nuestros amigos son la familia que elegimos; la palabra clave es *elegimos*. No estamos obligados a permanecer a su lado si no existe una conexión.

Pregunta

Reflexiona sobre tus relaciones. Cuando piensas en personas que ya no se encuentran a tu alrededor, ¿te sientes aliviado? ¿Hay alguien en tu vida cuya presencia te haga sentir vacío? Analiza a profundidad esos sentimientos y pregúntate por qué te sientes de esa forma. Compáralos con lo que sientes cuando estás entre amigos que te nutren y elevan tu espíritu. ¿Existe alguna diferencia? De ser así, ¿qué los distingue?

Realiza
Si dudas de alguien en tu círculo o sospechas que no es un verdadero amigo, haz una pausa en la interacción con esa persona. Cada semana, anota tus emociones respecto a su ausencia. ¿Extrañas su presencia y lo que le ofrece a tu vida, o el espacio que solía ocupar ahora es más pacífico? Actúa de acuerdo con tus observaciones. Recuerda, tú tienes el poder de soltar las relaciones que apagan tu luz. Permítete tener el espacio para aprender, romper, reconstruir, sanar y florecer.

Nos brindamos apoyo a nosotros mismos y asimilamos nuestro poder

Antes de cumplir 30 años, me enamoré de un amigo a quien había conocido durante años. El periodo de luna de miel fue un intercambio hermoso e idílico, en el que compartimos nuestros mundos interiores más allá de todo lo que habíamos aprendido en nuestra amistad.

Tras una pérdida significativa, él cuidó de mí hasta que sané y, para ser recíproca, le di acceso a algunas oportunidades y lo ayudé a ver el valor que había en su interior. Cuando descubrimos que ambos nos gustábamos, enamorarnos fue algo natural. En mi mente, lo había logrado: había encontrado a mi persona, y todo lo que debía hacer ahora era seguir creando una vida por mí misma. Por desgracia, al pasar el tiempo, aparecieron algunas grietas.

Cuando comenzamos a vivir juntos, cualquier cosa sin importancia podía detonar una pelea enorme. Él siempre fue honesto respecto a su niñez y su crianza, y me reveló que con frecuencia sentía que su voz no contaba y que su familia lo marginaba debido a la dinámica que había entre él y sus padres.

Su madre era abusiva y su padre era dócil. Después de su divorcio, su padre abandonó la casa, por lo que mi ex tuvo que enfrentar toda la ira de su madre. Hacía varias cosas para quebrarlo: lo idealizaba en público y lo criticaba en privado, juzgaba sus relaciones románticas, degradaba su hombría, lo silenciaba, lo obligaba a realizar tareas poco realistas en el hogar y abusaba de él físicamente cuando no cumplía sus expectativas; además, le hacía *gaslighting*[1] victimizándose ella misma.

Él siempre aseguraba que su padre lo había abandonado, pero terminaba hablando de todo el respeto, honor y admiración que sentía por él. Es algo que noto en adultos que sufrieron abuso o maltrato en la infancia: siempre le dan el beneficio de la duda a sus padres. Sin importar la edad que tengan, mantienen la puerta abierta a la reconciliación con la esperanza de que sus padres cambien algún día.

Elevarse puede significar hundirse

La frase «rebajarse para conquistar» se refiere a la decisión estratégica de ser humilde temporalmente para lograr un propósito mayor o para sortear alguna circunstancia desafiante. Mi ex siempre se refería a su decisión de tolerar a su madre como una forma de «rebajarse para conquistar», y al principio entendí su razonamiento debido a lo que yo había presenciado al crecer. A veces mantener tu paz es más importante que pelear por cosas que podrías ignorar.

Mi ex asimiló todas las interacciones negativas con su madre a lo largo de su vida y aprendió a volverse más tolerable, pero eso

---

[1] Tipo de abuso psicológico en el que una persona miente a otra para hacerla dudar de su propia memoria y, por ende, de la realidad. *(N. del t.)*.

no funcionó ni evitó los maltratos. A veces hacíamos un espacio para desahogarnos: yo caminaba en círculos por la habitación quejándome de cómo mi familia me había lastimado en el pasado, y él recreaba las discusiones con su madre y respondía honestamente respecto a las cosas por las que le hubiera gustado confrontarla.

En esos momentos, él era valiente y atrevido, y su voz era fuerte y clara, cualidades que él sentía que no podía poseer en situaciones de la vida real. Era evidente que esa versión de sí mismo era lo que aspiraba a ser: alguien capaz de defenderse por sí mismo. Pero siempre que peleaba con su madre, perdía la habilidad de expresarse y terminaba rebajándose.

Su decisión de no abordar los momentos de confrontación me preocupaba, y a menudo le preguntaba: «¿Por qué no le dices a tu mamá cómo te hace sentir realmente?». Cuestionaba el impacto que eso debía tener en su salud mental, pero él no daba importancia a mis preocupaciones y en su lugar citaba la Biblia para defender su postura. En su opinión, se estaba elevando y manteniendo la paz: *rebajándose para conquistar*. Pero no era alguien pacífico por dentro y, con el tiempo, dejó de serlo en absoluto.

Su conducta cambió con rapidez. Se sentía cada vez más frustrado, irritable y enojado, y se desquitaba con sus amigos y su familia. En su mente, todos estaban en su contra, todos tenían la culpa y nadie lo respetaba. Tenía conflictos con muchas personas, aunque ninguno de ellos lo supiera. Desplazó la ira que sentía con su madre hacia toda persona a su alrededor.

El reto de tratar de encontrar tu voz

¿Cuántas veces has estado en una situación similar? Te encuentras en un momento en el que cada fibra de tu ser te pide que levantes la voz, reclames tu espacio y te hagas escuchar. Pero, a pesar de tus gritos internos, te sientes superado, sucumbes ante las dudas y decides callar.

Es una lucha que también conozco. No sé ni cuántas veces he estado ahí. Hubo muchísimas ocasiones en las que decidí quedarme callada en vez de honrar mi verdad, solo para sentirme llena de decepción al final. He repetido esas situaciones en mi mente, atormentándome con visiones interminables del tipo «si hubiera...», imaginando todo lo que pude haber dicho o las acciones que pude haber realizado si tan solo hubiera tenido el valor para llevarlas a cabo.

Es algo horrible, ¿verdad? Las frustraciones que sentimos respecto a nosotros mismos mientras esos «si hubiera...» invaden nuestra mente y nos atrapan en un ciclo de autocastigo. Nos prometemos que, si eso vuelve a pasar, *ahora sí levantaremos la voz,* pero cuando la situación se repite y la realidad nos golpea, el valor nos falla otra vez en ese momento.

He estado en ese mismo ciclo infinidad de veces, callando en vez de expresar lo que quiero decir. Con el paso del tiempo, este hábito de autosabotaje quedó tan grabado en mí que se convirtió en la creencia negativa de que era mejor vivir mi vida de manera pasiva.

Me convencí a mí misma de que simplemente no era alguien que pudiera levantar la voz, y esa fue la narrativa que acepté. Pero eso no me hizo sentir bien ni me dio ningún tipo de paz. En vez de eso, desarrollé un resentimiento interno que dirigí a quienes creía que me habían silenciado. Este sentimiento en mi interior burbujeó como lava y se solidificó en mi interior.

Quedarnos callados crea un caos interior

Reprimir nuestros sentimientos puede crear conflictos internos mucho más dañinos que las disputas externas que intentamos esquivar. Hay un dicho que ilustra esto de manera vívida: «El resentimiento es como beber veneno con la esperanza de que la otra persona se muera». Es una metáfora poderosa de la conmoción que nos infligimos a nosotros mismos.

> Cuando elegimos silenciar nuestra voz y enterrar esos sentimientos negativos e incómodos, estos no desaparecen, sino que comienzan a pudrirse en nuestro interior.

Y siempre encontrarán la forma de volver a la superficie, a menudo en forma de un desplante inapropiado. Esto se debe a que los resentimientos que albergamos aumentan la presión en nuestro interior y, cuando hacen erupción, tenemos muy poco control sobre la forma en que se expresan. Ese es el motivo exacto por el que es importante expresar tu verdad.

Cuando las reprimimos, estas emociones comienzan a agitarse en nuestro interior produciendo ira, resentimiento y una decepción profunda. Este caos emocional hace que vivamos en un estado constante de infelicidad y ansiedad. El peligro es que esto puede allanar el camino al estrés crónico e incluso a la depresión. No es mera especulación, es algo que he atestiguado personalmente, en especial con el ex que mencioné antes.

Incluso mi propia madre sufrió profundamente debido a esto. Al elegir no abordar las conductas tóxicas y crueles dentro de su propia familia durante años, mi mamá guardó todo ese dolor y caos en su interior y acumuló demasiado estrés interno, lo que afectó negativamente su paz mental.

Cuando reprimimos nuestras emociones, no solo guardamos silencio, sino que socavamos activamente nuestro propio sentido de paz y equilibrio.

La creencia engañosa de que la evitación es autocuidado

¿Qué es lo que nos lleva hasta este punto? ¿Por qué evitamos la confrontación, incluso si ya hemos sentido las consecuencias de la evitación? Bueno, puede haber muchas razones detrás de ello.

Para empezar, evitar las confrontaciones nos da una sensación falsa de seguridad. Nos aferramos a la creencia de que nos estamos protegiendo del daño al no abordar interacciones difíciles que se sienten inmediatamente incómodas. Pero al resistirnos a esta incomodidad momentánea, nos causamos más dolor a largo plazo.

El miedo al rechazo también es una causa profunda de la evitación de las confrontaciones; muchos sentimos este miedo debido a experiencias pasadas en las que expresamos nuestra verdad y ello resultó en una respuesta negativa que nos hizo sentir peor. Las normas sociales también lo refuerzan, ya que se priorizan los modales y el prevenir situaciones incómodas por encima de la honestidad y la transparencia. Aunque estas intenciones son honorables, pueden llevar a las personas a no ser sinceras entre sí y retrasar conversaciones honestas, lo que resulta en malentendidos y frustraciones adicionales.

> Sin importar las circunstancias, evitar nuestros problemas no es un método efectivo para manejar los momentos difíciles.

Lo dije antes y lo vuelvo a decir: todo aquello de lo que huimos reside dentro de nosotros, así que no importa cuánto nos alejemos, el dolor siempre nos acompañará.

Más aún, cuando reprimimos nuestras emociones, no solo guardamos silencio, sino que socavamos activamente nuestro propio sentido de paz y equilibrio, y al hacerlo, le otorgamos a nuestras ansiedades una mayor porción de nuestra mente, lo que les permite pudrirse y crecer hasta convertirse en algo más difícil de remover.

Pasar del silencio a la fortaleza: el poder de expresar tu verdad

La buena noticia es que la transformación siempre está a nuestro alcance. La sanación comienza en el momento en que elegimos expresarnos con claridad e intención. Yo cambié, mi mamá cambió y mi antiguo novio, quien enfrentó grandes desafíos con su madre, cambió con el paso del tiempo.

Tras su crisis, acudió a terapia, reconectó con sus amigos y comenzó el proceso de evolucionar y dejar atrás su versión iracunda. Se cansó de desquitarse con las personas que lo amaban, y su comunicación fue más fuerte que nunca. Comenzó a protegerse, se volvió más firme en sus expresiones, se defendió y alcanzó un punto en su vida en el que ya no temía perder a quienes solo generaban estrés y confusión en su vida. Al utilizar su voz, entró a un espacio de liberación.

Esa es la versión más sana de él que he visto. Observar su transformación me permitió asumir ciertas enseñanzas en mi propia vida. Aprendí la importancia de mantenerme firme en mi verdad y entendí que ser valiente significa asegurar que mi voz sea escuchada. Con el tiempo, mantenerme firme se volvió adictivo.

> Hay una belleza única en saber que tienes la fortaleza para estar solo y el valor para enfrentar a una multitud.

Quienes se beneficiaban de mi obediencia se sintieron muy incómodos y se retiraron de mi vida en silencio. Al mismo tiempo, las personas que me brindaron confianza durante años brillaban de orgullo cada vez que me expresaba. Fue empoderador y, por primera vez, sentí el peso de mis palabras y me di cuenta del poder que tenían para modificar mi vida.

Seré honesta: llevar a cabo este cambio no fue precisamente sencillo. En el momento en el que decides reaccionar de manera diferente y defenderte a ti mismo, se produce un sentimiento perturbador que te acelera el corazón. Pero este proceso también tiene el potencial de ser el comienzo del renacimiento de tu carácter, porque cuando fomentamos la autoconciencia, comenzamos a ver los elementos de nuestra conducta que contribuyen a nuestro propio sufrimiento: los patrones de autosabotaje que tenemos el poder de cambiar.

Al encontrar nuestra voz y hablar por nosotros mismos, no solo avanzamos hacia nuestra sanación, sino que también iluminamos a quienes nos rodean. Porque, al guardar silencio, nunca comunicamos de verdad el impacto que las palabras de los demás tienen sobre nuestra vida. Es posible que desconozcan completamente el estrés que causan, por lo tanto, al articular nuestros sentimientos con claridad y consideración, creamos la oportunidad para que haya entendimiento mutuo y sanación colectiva.

Piensa

Experimentamos conflictos internos y dolor, porque queremos evolucionar y cambiar nuestro enfoque respecto a ciertos patrones en nuestra vida. Solo nosotros podemos llevar a cabo este cambio externando nuestros conflictos internos.

Pregunta

¿Qué temes que pase si levantas la voz? ¿De verdad será algo peor que el tormento interior al que ya te sometes? Si piensas *sí, será peor*, entonces pregúntate por qué. ¿Será que solo estás proyectando el peor escenario?

Realiza

Piensa en una situación reciente en la que experimentaste resentimiento respecto a otra persona, pero no lo vocalizaste. Anota lo que te hubiera gustado decir durante esa interacción.

Recuerda mantener la claridad y el enfoque en tu respuesta emocional, no en lo que imaginas que la otra persona pensaría o sentiría. Dilo en voz alta algunas veces, y después edítalo y modifícalo hasta que te resulte completamente natural.

Practica decirlo en voz alta hasta que se vuelva parte de ti. Esto te ayudará a remover un poco del miedo defensivo y la falta de preparación para la próxima vez que veas a esa persona. Y cuando lo hagas, ¡díselo! Puedes hacerlo; yo sé que puedes.

Reflexión

Conforme nos acercamos a la parte final de nuestro viaje, entiendo que es probable que los puntos explorados —en los que desenterramos nuestros patrones dañinos de autosabotaje y discutimos cómo sortearlos— no hayan sido sencillos de leer. Si te resultó complicado procesarlos o te resulta difícil implementar los cambios en tu vida, está BIEN. De hecho, está más que «BIEN»; es algo digno de elogio. También es esencial reconocer tu esfuerzo.

Como ya he mencionado a lo largo de este libro, el acto de confrontar nuestras verdades nos revela lo desagradable, complejo e incómodo que puede ser ese proceso. Pero como dice el dicho: «La sanación llega en oleadas», y tenemos la habilidad de cultivar la tranquilidad en nuestro viaje al transformar las aguas picadas en un río que fluya sereno y nos ayude a alcanzar un lugar de satisfacción y calma.

Espero que leer esta sección haya reforzado el concepto de que, en esencia, somos los verdaderos arquitectos de nuestro viaje personal hacia la sanación. Sí, podemos buscar y recibir apoyo de profesionales, como terapeutas y *coaches* de vida, y también podemos obtener fortaleza a partir de los cuidados de nuestra familia y comunidad; es decir, las personas que nos desean lo mejor de forma genuina. Quizá hasta llegues a descubrir cierta paz en las palabras de estas páginas. No obstante, la verdad fundamental sigue siendo que el trabajo crucial de sanación es una tarea que debemos realizar nosotros mismos.

El malestar que encontramos al transitar por las complejidades de la vida es inevitable; nos obliga a confrontar nuestras emociones y respuestas directamente. Nuestra fortaleza interna aumenta al encarar estos desafíos. Una vez que la desarrollemos, esta resiliencia no solo nos ayudará a lidiar con las dificultades del presente, sino que nos fortalecerá ante adversidades futuras, enriqueciendo una fortaleza interior que creíamos imposible.

A partir de mis experiencias, puedo afirmar que, con cada nuevo reto que enfrenté, me volví más hábil para superarlos. Conforme aprendemos y crecemos con cada obstáculo, mantenemos un mejor control de nuestra vida. Esta transformación es profunda; en ella aprendemos una nueva forma de vivir, elegida conscientemente y reafirmada cada día, lo que nos permite cultivar nuestra resiliencia y bienestar.

3

Así enriquecemos y protegemos nuestro corazón

En esta parte final, reuniremos toda la información que hemos recopilado y todos los pasos que hemos dado para integrarlos en nuestra vida diaria. La meta es ir más allá de los esfuerzos esporádicos que se desvanecen con el tiempo, a fin de crear cambios permanentes en nuestras vidas. Ya que The Good Quote me ha ayudado a dar forma a mi vida, así como ha ayudado a millones de personas, las citas serán los cimientos de esta sección. Estas citas ofrecen verdades simples pero poderosas que sirven como recordatorios gentiles para nuestro viaje de sanación.

Al final de cada capítulo, hay un par de párrafos breves para ti. Están diseñados para recordarte que cada noción explorada tiene como fin enriquecer y proteger tu corazón. Aprenderemos a desarrollar nuestra intuición y bondad, vivir con intención, el arte de establecer límites, la importancia de entender la esencia del tiempo, el poder de formar conexiones genuinas, el valor de aceptar nuestro destino y, en última instancia, la sabiduría de soltar.

Seguimos nuestra intuición

Cuando era pequeña, me consideraban rara, y siempre fui muy consciente de ello. Esa característica se manifestaba de muchas formas místicas y variadas.

Por ejemplo, a menudo tenía sueños lúcidos proféticos. Siempre percibía presencias invisibles y, cuando estaba cerca de mujeres embarazadas, podía saber el sexo de sus bebés. Además, a menudo tenía premoniciones respecto al fallecimiento de alguien cercano. Puede parecer una locura, pero es mi verdad.

Creo que asusté a mamá cuando le confié estas experiencias; le preocupaba la forma en que los demás percibirían este aspecto de mi personalidad. Francamente, a mí también me causaba un poco de ansiedad; pero, a pesar de sus propios miedos, mamá siempre me reconfortó.

—No importa, bebé —me decía—. Soy tu mamá, y mi responsabilidad es saber quién eres y asegurarme de guiarte en la dirección apropiada.

Saber que puedo aceptar a la persona que soy

No fue hasta que me hice amiga de Millie (la mujer mayor de mi comunidad, descendiente de cimarrones jamaiquinos, a quien mencioné en la página 125) que aprendí cómo aceptar esa parte de mi ser. Millie se volvió mi confidente, alguien a quien le podía compartir estas experiencias intensas y poderosas que a menudo me dejaban abrumada. La empatía y sabiduría que adquirió a partir de sus experiencias personales transformó mi perspectiva. Lo que alguna vez fue una fuente de vergüenza se convirtió en una característica de la que me enorgullecía. Ella me enseñó la importancia de apropiarme de mis dones con confianza y de no apagar mi luz simplemente porque no coincidía con lo que otros consideraban «normal».

Además, la empatía siempre ha sido parte de lo que define la persona que soy. Quizá mucho de ello proviene de las enseñanzas de mamá respecto a cómo ser una persona compasiva, algo que aprendí a practicar al ver cómo sorteaba el abuso de su familia. O tal vez solo es una parte fundamental de mi ser; es difícil saberlo. Estoy segura de que este nivel profundo de empatía es una de las principales razones por las que fundé The Good Quote. Mi meta era usar las redes sociales como una plataforma para crear una comunidad donde pudiera ofrecer apoyo emocional a través de citas y literatura.

Conectar con los demás es algo en lo que sobresalgo de manera natural. Algunas personas forman lazos y conexiones a través de diversos elementos, como la música, los pasatiempos y los deportes, pero yo destaco cuando se trata de emociones. Colócame frente a cualquier extraño y en menos de 20 minutos seré capaz de decirte todo lo que está pensando. Las personas me confieren cierto nivel de confianza, y es una responsabilidad que siempre procuro honrar. No es algo que tome a la ligera.

Conectar y comunicarnos con nuestra intuición

Llegué a entender que aprender a aceptar estas cualidades de mi ser tiene que ver con estar en sintonía con mi intuición. La intuición es un término que escuchamos con frecuencia, un concepto que nos presentan en las primeras etapas de nuestra vida, pero que no tiene una explicación sencilla. Para mí, la intuición es simplemente el lazo emocional que compartimos con nuestro ser más profundo y no creo que se manifieste de la misma forma para todos, porque, a fin de cuentas, todos tenemos experiencias de vida diferentes. En el fondo, la intuición es la conciencia instintiva de nuestras verdades personales. Es una guía subconsciente que nos ayuda a acercarnos al lugar al que pertenecemos y a esquivar los peligros potenciales que yacen en nuestro camino.

Con base en mi propio viaje, llegué a concebir mi intuición como una brújula para este mundo físico. Creo que es una fuerza creciente que florece cuando elegimos desarrollar una relación más sana con ella. Se trata de hacer al ego a un lado gentilmente y permitir que nuestra intuición exista con libertad; al hacerlo, se vuelve clara la razón por la que este superpoder debería ser honrado, escuchado y manejado con delicadeza. Su profunda habilidad de previsión es algo que nos enseña a confiar y nos recuerda que su propósito principal es servir y guiar.

Sin embargo, cuando ignoramos las advertencias de nuestra intuición, nos afectamos enormemente y traicionamos a nuestra versión superior. Pero la intuición es paciente. Espera y, mientras lo hace, nos enseña una valiosa lección: la importancia de confiar en esa voz interior, en especial cuando enfrentamos las consecuencias de ignorarla. Al mantenernos leales a nuestra poderosa voz interior, aprendemos a distinguirla de las influencias negativas. Muchos sienten que necesitan una razón obvia para confiar en su intuición, pero la belleza yace en confiar en ella desde el principio; la lógica del *porqué* se revela después. Aprendí que esta es la forma en que nuestra intuición pone a prueba nuestra fe: una vez que realmente nos comprometemos a escucharla, revela su sabiduría.

¿Cómo se comunica la intuición contigo? ¿Eres el tipo de persona que reflexiona en silencio, solo para que su tren de pensamiento sea interrumpido de pronto por escenarios catastróficos y sus posibles consecuencias si ignoras tus sentimientos? ¿O tu intuición más bien es un grito interno sonoro que acelera tu corazón como un choque eléctrico que atraviesa tu sistema, y la adrenalina hace que te frenes de golpe? ¿O quizá es una serie de recordatorios en forma de susurros silenciosos que se desvanecen poco a poco con el tiempo? ¿O eres alguien que experimenta manifestaciones físicas de su intuición, y sientes como si unos dedos se entrelazaran en tu estómago y después se tensaran para formar un puño que llama tu atención siempre que tu mente se aleja de forma subconsciente de lo que te interesa en ese momento?

Sin importar cuál de estas expresiones resuene más en ti, o si tu experiencia personal es completamente diferente, todos pasamos por momentos así. ¿Alguna vez te has puesto a pensar por qué ocurren estas cosas? ¿Por qué de pronto nos sincronizamos tanto con estas vibraciones desconocidas e incómodas? Simplemente se trata de tu intuición haciendo su mejor esfuerzo para cuidarte.

> *Cuando reconocemos estos sentimientos como lo que son en realidad —una señal sagrada proveniente de nuestro interior que nos informa sobre un desequilibrio que debe ser resuelto—, se vuelve más fácil reconocer la invitación del alma a sanar.*

De verdad, lo único que debemos hacer es *escuchar*.

Lidiar con las dificultades... y las dudas

Entiendo que a veces hablar de esto se siente como un asunto del tipo *es más fácil decirlo que hacerlo*. Hay cierta mística alrededor de la intuición; el concepto en sí mismo está cubierto de mucha vaguedad y viene acompañado por una gran cantidad de expectativas, lo que puede ocasionar que las personas se sientan ansiosas respecto a entrar en contacto con él. A menudo se nos hace creer que nuestra intuición debería manifestarse de un modo específico, como una revelación repentina o un momento de profunda claridad en el que nos frenamos de golpe y decimos: «¡Por supuesto!». Y cuando nuestra experiencia no se da así, llegamos a creer que fallamos, como si careciéramos de intuición, pero la intuición forma parte de todos. Todos la tenemos. Solo necesitamos deshacernos de la presión y el ruido que la rodea.

A menudo estamos rodeados de personas con buenas intenciones que nos llenan con sus expectativas y consejos no solicitados, lo que puede nublar nuestro juicio y dejarnos más confundidos que antes. Cuando tenemos que tomar una decisión y no estamos seguros de la dirección que debemos elegir, esta descarga constante de opiniones puede hacer que dudemos de nosotros mismos. Luchamos por conectar con nuestros instintos y nos frustramos por no tener claridad inmediata respecto a nuestro siguiente paso.

Para superar esto, tenemos que cambiar la forma en que reaccionamos a estas emociones. En el fondo, la duda es solo otra forma en la que nuestra intuición nos habla, aunque con una apariencia distinta. Al aceptar poco a poco la energía de la duda y permitirle tener un espacio temporal en nuestras vidas para que exprese sus preocupaciones más profundas, podemos desarrollar un mejor entendimiento y crear un enfoque alternativo para los problemas que, de acuerdo con la duda, enfrentaremos más adelante.

Cuando la duda aparece en nuestro camino, a menudo nuestra respuesta inicial queda rodeada por el miedo, la ansiedad y el cansancio mental mientras pensamos: *Oh, no. ¿Por qué me siento tan inseguro respecto a esto?* Pero en vez de reprimir estos sentimientos —que, irónicamente, tienden a ser amplificados en nuestra mente—, podemos elegir un enfoque diferente. Al cambiar nuestra relación con la duda y pasar de la oposición a la colaboración, abrimos un camino más constructivo y benéfico para avanzar.

Honrar a la duda para encontrar nuestro verdadero sentir

No debemos darle la espalda a la duda. No considero que sea un enemigo, porque todas las emociones tienen un lugar y una función diseñada para brindarnos apoyo al transitar a través de esta experiencia humana. Podemos escuchar lo que la duda nos dice, porque actúa como un punto de revisión en nuestro camino que nos permite conectar con nuestra intuición y fortalecer la confianza en nuestras propias habilidades. A veces la duda puede intentar impedirnos avanzar —manifestación de nuestros miedos—, pero otras veces es una medida de protección en contra de un daño potencial. Independientemente de su motivo, siempre vale la pena prestar atención a lo que trata de decirnos.

Durante mi proceso para superar las dudas respecto a mí misma, tener una conciencia emocional cada vez mayor me obligó a aceptar que, cuando nos acercamos a la cúspide de un descubrimiento personal, las distracciones de la vida y las dudas se intensifican. Es frustrante, pero es real. En la vida siempre habrá contratiempos, por eso es crucial que nos mantengamos atentos y estemos preparados emocionalmente; estar en sintonía con nuestros sentimientos y reacciones es igual de importante.

Cuando ignoramos las advertencias de nuestra intuición, nos afectamos enormemente y traicionamos a nuestra versión superior.

Entonces, si te es difícil estar en sintonía con tu intuición o escucharla, no te estreses. Y si te encuentras luchando con las dudas, de nuevo, no pasa nada. Honra esas emociones, porque están ahí por una razón. Anota todo lo que sientes, de modo que puedas despejar tu mente, y, de ser posible, habla al respecto con un buen amigo (¡aunque no pidas una solución!). Examina estos sentimientos con franqueza y pregúntate: *¿Por qué está aquí esta duda? ¿Por qué se presentó ante mí ahora?*

Así iniciamos el proceso para recuperar nuestro poder, afianzar nuestros pasos y reconectar con nuestra voz interior. Consiste en reconstruir la confianza que tenemos en nosotros mismos. Al trabajar con nuestras dudas y no en contra de ellas, podemos alinear todas estas voces con nuestras capacidades y nuestras mejores intenciones. Después de todo, estamos en el mismo equipo.

La intuición te enriquece

Cuando escuchamos a nuestra intuición, aumenta nuestra confianza en nosotros mismos, que es una parte importante de cómo sobrevivimos y prosperamos. Cuando poseemos la convicción de abordar todo lo que se presenta en nuestro camino sin perdernos por la influencia de otros o la plaga de nuestros pensamientos, nuestro corazón se fortalece.

La intuición te protege

Esos sentimientos de temor, pánico o duda solo son nuestra intuición intentando conectar con nosotros a través de cualquier medio posible. Escuchar a nuestro instinto y seguir su llamado sigue siendo un impulso intuitivo, solo tenemos que atravesar estas capas primero.

Somos gentiles con nuestros aspectos menos agradables

Admito que no siempre he sido la persona más agradable. Como ya mencioné antes, en la primaria era una niña abusiva; es una parte de mi pasado de la que de verdad me arrepiento. Pero logré comprender la raíz de esa conducta, lo que me facilita reconocerla en otras personas: simplemente era una niña herida y enojada.

No solo no entendía por qué mi padre no estaba presente, sino que, pese a los mejores esfuerzos de mamá para cuidarme, estaba expuesta a la dinámica caótica y dañina de su familia. Ya te conté sobre las palabras crueles que mi abuelo me dijo, pero no era solo él. También otros familiares infligían dolor. Mi tía frecuentemente intentaba apagar mi luz recordándome que mi personalidad era excesiva, que mi presencia era agotadora para las personas a mi alrededor, que mis sueños eran irreales y que no aportaba nada valioso a las conversaciones.

Estas brutales palabras dejaron una marca duradera en mi mente y se fundieron lentamente en mi subconsciente. Mi diálogo interno se volvió negativo, comenzó a reflejar el trato que recibía y me acostumbré a hablarme a mí misma como si fuera una enemiga, porque, al crecer, eso fue lo que recibí por parte de esos parientes. Mi relación con mamá era hermosa —era mi mejor amiga—, pero esas palabras erosionaron mi autoestima y contribuyeron a un diálogo interno repetitivo en el que me decía que no valía nada, que era fea, que nadie me amaba y era desagradable simplemente por existir.

El poder destructivo de la voz interior

Ahora bien, reconozco que mi conducta en la niñez, catalogada como «traviesa», era en realidad el reflejo de aquellas voces que me hacían sentir insuficiente. Sin embargo, en la adultez, este diálogo interno severo solo se acentuó.

Vivir con este ciclo implacable de autocríticas fue como ser anfitriona de una voz interna negativa que celebraba mis caídas y perpetuaba mis miedos e inseguridades. Esta voz interior se había estado pudriendo dentro de mí por años y tomaba nota en silencio de todo lo que se decía en mi contra para usarlo como arma en ataques futuros. Fue uno de los factores que más contribuyó a la manera en que yo misma rompía mi corazón, reforzando percepciones negativas respecto a mí misma y a mis habilidades.

Para reconstruir mi vida y aprender a vivir más allá del miedo y el autosabotaje, tuve que confrontar directamente la persistencia de esta voz interior negativa. Sabía que, para trabajar en mí misma, tenía que derribar uno de los obstáculos más duros que enfrentaba todos los días: mi mente.

Porque, siendo honesta, vivir con esa voz era *agotador*. Anhelaba residir en una mente que me hablara con compasión. Quería disfrutar conversaciones saludables con mi interior y asimilar las curiosidades y lo desconocido de la vida; intentar algo nuevo y sentirme alentada, no atacada; experimentar la libertad de vivir en armonía conmigo misma; responder a una voz amorosa, no a una crítica.

Por ello, la lucha de ser anfitrión de una voz interior negativa reverbera en mí a nivel espiritual. Si experimentas esto, tienes que saber que no estás solo, te lo prometo. Tal vez los demás no escuchen esa voz; no obstante, para nosotros es tan ruidosa como un grito, y escapar de ella parece imposible. ¿Cómo puedes escapar de algo que reside en tu propia mente?

A veces me asombra la crueldad de las palabras de mi voz interior y con frecuencia me pregunto: *¿a quién le pertenece? ¿Cómo es que llegó a refugiarse en mi mente?* Creo que es una experiencia que muchos compartimos, incluso si es algo que rara vez discutimos con los demás.

No debemos subestimar ni pasar por alto el profundo efecto que este diálogo interno, silencioso pero desgarrador, ejerce en nuestras vidas. Ser anfitrión de una voz interna agresiva es vivir cada día con tormentas interiores que sienten placer al reducir nuestra confianza y nuestra paz mental general.

> Cuando permitimos que nos guíe una voz que tiene la intención de aumentar nuestras dudas y miedos, creamos inconscientemente un patrón que nos socava a nosotros mismos y a nuestros esfuerzos diarios.

Nuestro diálogo interno da forma a cómo nos percibimos, afecta nuestro bienestar emocional e influye sobre la manera en que sorteamos los desafíos. Puede beneficiar o entorpecer nuestras relaciones, la toma de decisiones, la capacidad de prosperar, la forma en que buscamos mejorar y nuestra satisfacción general.

De modo que, si vives con una voz interna cruel, agresiva y despectiva, ¡sé lo malo que puede ser! La cuestión es cómo la silenciamos para comenzar a tratarnos de manera más gentil. El primer paso es entender los orígenes de esa negatividad, porque, después de todo, la conciencia es el inicio de la invocación del cambio.

Nuestra voz negativa no dice la verdad

Es importante recordar que esta voz no es un reflejo verdadero de lo que somos ni nos pertenece. Esta voz no es omnipotente, omnipresente ni omnisciente. Simplemente es una plaga que se siente cómoda en un espacio, porque nos tomó demasiado tiempo sacarla de ahí. Considero que es esencial recordar esto con frecuencia, ya que una de las trampas de la voz interna negativa es asumir que tiene razón.

Por algún motivo, le otorgamos un nivel divino de inteligencia. La escuchamos y tomamos todo lo que nos dice como si fuera una verdad incuestionable. Pero no hacemos lo mismo con otras voces, ¿cierto? Sabemos que los demás son falibles, capaces de cometer errores y juzgar mal, y también reconocemos eso en nosotros mismos. Entonces, ¿por qué asumimos que las críticas y la negatividad de esta voz interna siempre son correctas?

A menudo nuestras voces interiores son simplemente un reflejo de nuestras heridas más profundas y de nuestros traumas internalizados. Del mismo modo que mi voz interior reflejaba la toxicidad de mi familia, es probable que tu diálogo interior negativo refleje tus propias heridas y sufrimientos. Entender eso es el primer paso para quitarle parte de su poder y modificar el papel que desempeña en tu vida, porque tu voz interior también puede ser una herramienta poderosa para el refuerzo positivo.

A veces reflexiono sobre los momentos en los que mi relación con mi voz interior fue saludable, tanto en el pasado como en el presente. Recuerdo con cariño la sobrecogedora sensación de calidez que he sentido siempre que reúno el coraje para lograr algo nuevo; mi voz interior me apoya con halagos y afirmaciones positivas para mantenerme motivada. Ese sentimiento es muy liberador.

Aprender a hablar contigo mismo con compasión en vez de criticarte

Reprogramar nuestro cerebro para acallar las voces críticas y agresivas es en sí mismo una batalla. Pero una vez que descubrimos los orígenes de estos pensamientos negativos, tenemos la responsabilidad de disolverlos y sanar. Siempre que sucumbimos a las provocaciones, rompemos nuestro corazón; sin embargo, aceptar un diálogo interno más constructivo y amable puede transformar nuestra experiencia humana. A través de su validación, podemos cultivar la resiliencia suficiente como para perseguir nuestras ambiciones más profundas y aceptar todo aquello que se presente en nuestro camino.

No hay soluciones sencillas y universales para sacar los pensamientos negativos de nuestra mente. Si las hubiera, todos las conoceríamos. *Todos* las usaríamos y nuestras luchas emocionales serían cosa del pasado. Sin embargo, hay estrategias que podemos emplear para evitar que los pensamientos tóxicos nos tomen como rehenes.

Primero, tenemos que reconocer y aceptar su existencia, para después profundizar en sus orígenes. Una vez que entendamos que los pensamientos negativos solo son un síntoma de un sistema de creencias que debe cambiar, podremos comenzar a hablarnos de manera más amable.

Tal vez al principio se sienta extraño, en especial, si no estamos acostumbrados a dirigirnos palabras más amables, pero es vital que seamos tan conscientes de nuestro diálogo interno como lo somos de nuestro lenguaje al hablar con nuestros seres queridos. Si no usamos palabras crueles contra ellos, ¿por qué lo hacemos con nosotros? Remplacemos esas críticas duras con sugerencias de apoyo, elijamos mejores palabras para describirnos y preparémonos para desafiar a nuestra voz interior siempre que vaya en nuestra contra.

Recuerda, la voz negativa no es omnipotente. Solo es una manifestación de los traumas que buscan atención y tratan de ser escuchados. Comprometámonos a responder a esta voz con amabilidad y comencemos a cambiar la manera en que nos hablamos.

Una voz interior gentil te enriquece

La verdadera liberación comienza y termina en nuestra mente. Nos encerramos a nosotros mismos cuando permitimos que la voz de los traumas tenga más poder que nosotros. Al negarle la atención que ansía, comenzamos a sanar nuestras heridas. Podemos transformar estos espejos en ventanas si permitimos que nuestra luz interior brille y dé forma a una narrativa más sana.

Una voz interior gentil te protege

Cuando esa voz interior habla, nadie la escucha con más atención que nosotros. Por ello, cuando trabajamos en fortalecer nuestro diálogo interno para que sea más comprensivo y nos apoye, también fortalecemos nuestro corazón.

Vivimos con intención

Es increíble cuando las experiencias profundas nos dejan impactados. Una de las revelaciones más transformadoras llegó mientras estaba atrapada en el tránsito del centro de Londres a bordo de un Uber. Tal vez no parezca el escenario ideal para una epifanía, pero deja que lo explique.

Sucedió así: en ese entonces me encontraba en un momento complicado y me llenaba de ocupaciones para no confrontar mis propios problemas. Estaba construyendo The Good Quote y pasaba muchas horas en internet todos los días. Como ya mencioné, esto me hacía sentir como un robot, desconectada del mundo real y abrumada por mi propia infelicidad. Sentía como si no tuviera el control de mi vida y estuviera yendo a la deriva; mis días parecían vacíos y carentes de sentido.

Todo el amor que había sentido por la vida se escapaba entre mis dedos. A lo largo de los años, acumulé una gran cantidad de dolor y malestar, por lo que el concepto de «descargar» todo eso y enfrentarme a mí misma parecía una labor inmensa. Pero decidí ir a terapia de todos modos, y durante esa primera sesión, encontré una enseñanza que nunca olvidaré.

Un momento en el que la belleza del mundo me dejó impactada

Pasé la mayor parte de esa sesión de terapia llorando. Al hablar sobre mis sentimientos de insuficiencia y desesperanza, me di cuenta de que había incurrido en una conducta demasiado común hoy día: nos mantenemos incesantemente ocupados para evitar el dolor. Mis hábitos estaban diseñados para distraerme de mis pensamientos, y mis vicios consumían todo mi tiempo libre, por lo que nunca tenía el privilegio de enfrentarme a mí misma.

Mi terapeuta me preguntó cuándo había sido la última vez que me había tomado el tiempo de absorber de verdad mi entorno sin estar pegada a una pantalla, sin distracciones, solo asimilando de manera pacífica el mundo a mi alrededor, sin revisar constantemente mis mensajes o mis redes sociales. Quedé impactada al darme cuenta de que no podía recordar la última vez que simplemente levanté la vista y quedé maravillada con el cielo.

Entonces, resurgió un recuerdo: aquel momento en el Uber, atrapada en el tráfico cerca de la estación de Euston. Lo que hace de esta historia algo todavía más interesante es que subí a ese coche en vez de caminar; además, estaba desperdiciando mucho dinero. Pero me sentía triste y mi intuición me llevó a realizar ese viaje, así que la obedecí. Al ingresar a la avenida principal, sentí de pronto la calidez del sol extendiéndose por mi rostro. Todo el cielo era una multitud profunda de tonos saturados, y quedé cautivada por los colores que flotaban sobre mí. Fue algo tan hermoso que incluso el chofer gritó:

—¡Guau! Eso es algo que te hace sentir agradecido, ¿no?

Me encontraba completamente mesmerizada por la vista sobre mí, y estuve de acuerdo con él.

Al reflexionar sobre ese momento durante la terapia, recordé que, de niña, solía ver los atardeceres con mamá durante nuestros paseos en las tardes de verano, después de la escuela. Ella siempre se asombraba como una niña, acusando juguetonamente a Dios de estar presumiendo, mientras agradecía por una exhibición tan hermosa. Eso me hizo cuestionar por qué, siendo adulta, había terminado tan consumida por mis ocupaciones que olvidaba participar en los placeres simples que hacen de la vida algo emocionante.

Perder el tiempo con distracciones

Le conté este recuerdo a mi terapeuta, Michael, y me dio una instrucción simple pero profunda:

—Muy bien, Meg. Esta semana tu tarea será practicar el arte de alinear tu atención con tus intenciones —me dijo.

Hice una pausa, porque era la primera vez que escuchaba ese término: *alinear tu atención con tus intenciones*. Entonces suspiré. Me parecía algo imposible. Después de todo, *¿cómo esperaba que hiciera todo eso si estaba tan ocupada?* Me pidió que le describiera mi rutina matutina para poder desarrollar un plan.

Entonces, la realidad me impactó: *no tenía* una rutina matutina. Comenzaba cada día buscando urgentemente mi teléfono para ponerme al corriente con los mensajes que recibía durante la noche. Después revisaba inconscientemente las aplicaciones de redes sociales, contaminando mis pensamientos con las opiniones de otras personas antes de siquiera darme la oportunidad de pensar en mis propias opiniones. Jugaba a la ruleta rusa con mis detonantes, repasando contenidos en automático, sin saber qué vendría a continuación. Podía estar viendo un video gracioso y edificante, y, después del siguiente deslizamiento sobre la pantalla, veía noticias de un tiroteo escolar. El tiempo se me escapaba y yo ya estaba desconectada de mí misma, inmersa en diversos mundos en línea.

Esta revelación fue una llamada de atención. ¿Cómo creé el hábito de estar disponible para los demás sin priorizar antes mi tiempo conmigo misma? ¿Por qué me exponía a ese nivel de contenido a primera hora de la mañana si seguramente me haría daño a largo plazo? Si nuestra rutina matutina establece las intenciones para el resto del día, ¿me servía para algo esta práctica? No, no me servía.

Conectar con el privilegio de vivir

A menudo pasamos por alto la bendición que es despertar a un nuevo día, un regalo que por desgracia no todos reciben. Puedes despertar por la mañana sin tener la garantía de que llegarás al final del día y puedes irte a dormir por la noche sin estar seguro de despertar por la mañana. No obstante, en nuestras vidas digitalmente saturadas, muchos le robamos su belleza a ese momento.

Si despiertas con una intención, descubrirás lo eufórico que puede ser. Para los artistas, es un momento en el que la creatividad aumenta simplemente porque los pensamientos se encuentran en su estado más puro. Conforme el cuerpo se ajusta a la transición para pasar del sueño a esta realidad, hay una oportunidad valiosa para unir nuestro subconsciente con la mente consciente y descargar tantos dones como sea posible antes de que esa energía se desvanezca. Si alguna vez has tenido un sueño que se siente demasiado vívido, pero desaparece en cuanto estás completamente despierto, ¡sabes a qué me refiero!

A través de este proceso terapéutico y de recuperar ese recuerdo especial en el Uber, entendí que había algo importante que podía hacer por las mañanas y que tendría un impacto positivo en el resto de mi día: planear con anticipación. Así, creé una rutina, algo simple a lo que pudiera apegarme. Las redes sociales habían hecho que mi nivel de atención fuera igual al de un pez dorado, así que necesitaba que esta rutina fuera directa y breve, y también enriquecedora.

Hice cambios pequeños pero importantes en mis hábitos. Todas las noches, al relajarme, me tomaba el tiempo de escribir mis intenciones para el día siguiente, preparaba mi ropa y, por último, me aseguraba de silenciar mi teléfono y dejarlo en otro cuarto para evitar la tentación de revisar mis redes de manera inconsciente. Todas las mañanas despertaba y agradecía por ese nuevo día a través de plegarias. Entonces tomaba mi diario (que dejaba en mi mesita de noche para que fuera más fácil encontrarlo) y anotaba mis pensamientos. No importaba si tenían sentido o no, solo anotaba lo que se me viniera a la mente. Terminaba mi ritual matutino con algunos estiramientos y 20 minutos de meditación guiada —y sí, lo admito, usaba mi teléfono para eso—, ¡lo que al principio simplemente me permitía dormir por otros 20 minutos!

Aunque los primeros días fueron difíciles y la tentación de volver a revisar mis redes sin motivo era fuerte, poco a poco esta rutina restableció mi sentido de control y volvió a encender mi gusto general por la vida. Cuanta más gratitud expresaba por el obsequio de cada mañana y por esos momentos de silencio que podía pasar conmigo misma, más volvía a acercarme a la creencia de que la vida tiene un propósito.

Tener hábitos intencionales en tu vida

Si eres escéptico respecto a esto, créeme, lo entiendo. Yo solía reaccionar de la misma forma siempre que alguien me hablaba sobre «vivir en el momento presente». Para mí, esa siempre era una prioridad distante; no quería interrumpir mis niveles de supuesta productividad. Lo sentía como un trabajo rutinario y un privilegio para quienes tienen demasiado tiempo en las manos. Pero eso se debía a que estaba mal informada. No me daba cuenta de que el simple hecho de estar presente en *cada* interacción forma parte de vivir con intención.

También entiendo que no todos pueden modificar sus rutinas matutinas como yo lo hice. Si tienes hijos, trabajas desde temprano o tienes otros compromisos desde que despiertas, es probable que no te sea factible llevar a cabo esta rutina. No obstante, sí puedes modificarla. En vez de revisar Instagram mientras hierves agua en una tetera, mira por la ventana y observa el mundo a tu alrededor. Puedes dejar el celular afuera de tu habitación para que no sea lo primero que tomes al despertar. También puedes dejar lo que sea que estés haciendo en tu laptop por un momento, alejarte de tu escritorio y respirar, agradeciendo en silencio (o en voz alta) por todas las cosas buenas que hay en tu vida.

> Permitirnos todos los días un momento para hacer una pausa, estar presentes y afianzarnos en el aquí y el ahora es esencial para nuestra salud mental.

A menudo nuestros compromisos diarios y las distracciones que aceptamos nos consumen tanto que nos arriesgamos a perder de vista otros aspectos importantes de nuestras vidas. En un mundo repleto de distracciones interminables, tenemos la oportunidad de reclamar la belleza de la conexión y la comunidad.

Vivir con intención te enriquece

Solo podemos vivir una vez esta vida, en este cuerpo, siendo quienes somos, con nuestra historia, rodeados de estas personas, en este tiempo. El lugar en el que estamos justo ahora es el lugar más importante en el que podemos estar. Recordar eso nos puede ayudar a estar alineados con el increíble mundo en el que vivimos.

Vivir con intención te protege

Solemos vivir como si fuéramos inmortales, creyendo que el mañana está garantizado. Es parte de la naturaleza humana, pero ¿cómo podemos utilizar de manera positiva esta ilusión para dar forma a la relación que tenemos con el presente? Al acercarnos a un estado más conectado, donde somos conscientes de cómo pasamos el tiempo, comenzamos a proteger nuestro corazón de los hábitos inconscientes que lo dañan.

Reclamamos nuestro tiempo

En el capítulo anterior, profundizamos en el tiempo y en nuestra tendencia a tratar el mañana como una certeza, aunque esto es un error.

Todos los días se acaba el tiempo de alguien y solo quedan las vidas que esa persona tocó, así como sus historias personales de victorias, amores y pérdidas. Cuando perdemos a alguien, es natural pasar por el luto y reflexionar sobre cómo invirtió su tiempo, energía y atención: «Era tan amable»; «siempre cuidaba de esto y aquello»; «le encantaba hacer tal cosa»; o «le hacía tan feliz ir a tal o cual lugar».

Sé que esto puede sonar un tanto lúgubre, y no estoy diciendo que confrontar la idea de la muerte sea fácil *en absoluto*. Es algo complicado para todos. Pero quienes han perdido a alguien importante entienden a qué me refiero cuando digo que puede ser una verdadera llamada de atención. Conforme aceptamos que esa persona ya no está físicamente en este mundo, a muchos nos sacude en silencio la realidad de que el tiempo se nos escapa y comenzamos una introspección profunda.

Empezamos a evaluar nuestras vidas, sopesando los aspectos a los que les dedicamos demasiado tiempo o muy poco. Nos preguntamos si hemos vivido con intención, mejorando de verdad o no nuestra experiencia humana. Existe un dicho muy conocido: «Nadie yace en su lecho de muerte deseando haber pasado más tiempo en la oficina». Ahora es una especie de cliché, pero la esencia de estas palabras es cierta. El tiempo es valioso.

Reconsiderar el valor del tiempo

Entender el verdadero valor del tiempo no fue fácil para mí. Como ya te conté, pasé buena parte de mi vida complaciendo a los demás. Modificaba mis planes por ellos, invertía toda mi energía en ayudarlos y hacía todo lo necesario para que fueran felices o tuvieran éxito, por lo que frecuentemente era negligente con mis propios límites. Confundía mi abnegación con ser «buena» y «noble». Pero nadie era recíproco con mi nivel de esfuerzo y, con el tiempo, fue demasiado para mí.

Una conversación con mamá me ayudó a avanzar y cambiar mi comportamiento. Ella me dijo:

—Meggan, si ayudar a los demás te hace sentir fatigada, entonces debes reconsiderar tus esfuerzos. La forma apropiada de estar presente para los demás es ser realista con tu capacidad de dar y asegurarte de que tu gentileza nunca sea dañina para ti.

Aunque sus palabras fueron sabias, me tomó un tiempo desaprender esos hábitos de toda la vida. Ahora entiendo que ayudar a los demás debe surgir de un lugar alineado con nuestros valores y no ser un medio para recibir validación de los demás, que era lo que yo buscaba innecesariamente. Nuestro ego nunca debe ser más importante que nuestro corazón y, en los casos en los que esto ocurre, generalmente lidiamos con sentimientos de agotamiento, resentimiento y falta de aprecio (eso me pasaba también).

La importancia de valorar la esencia del tiempo me impactó con una fuerza todavía mayor cuando mamá falleció. Como ya mencioné, durante sus últimos seis años de vida, por fin se priorizó a sí misma y aprendió a vivir plenamente. Pero tras su partida, deseé con desesperación que hubiera comprendido eso antes y se hubiera dado más tiempo. Lo merecía.

Estas difíciles enseñanzas hicieron que revaluara mi forma de percibir y usar el tiempo. Comencé a establecer límites respecto a mi disponibilidad ante los demás y mi forma de pasar el tiempo con un propósito. Esto se convirtió en un acto de amor propio y, a través de él, comencé a recuperar mi tiempo poco a poco. Pero no hace falta que experimentes un profundo dolor para llevar a cabo este cambio, solo necesitas apreciar el valor del tiempo. El tiempo no es ilimitado; es invaluable e irremplazable. Cuando valoramos más nuestro tiempo, se activa una sensación innata de atención que nos lleva a operar de manera consciente e intencional, porque recordamos que el tiempo que tenemos es sagrado y finito.

La clave para establecer límites

No existe un solo enfoque para establecer límites que aplique para todos. Nuestras vidas son únicas y lo que funciona para una persona puede no ser apropiado para otra. Te conté lo que funcionó para mí: me concentraba en no responder de inmediato mi teléfono, evitar distracciones y no prestar atención a los mensajes y las alertas que interrumpían mi vida... o, mejor dicho, a las que yo les *daba permiso* de hacerlo. Todo eso había creado una existencia superficial y distraída en la que yo no creía ser digna de atención y cariño, porque mi vida tenía la finalidad de satisfacer las necesidades de los demás. Eso debía cambiar.

Aprender a decir «no» fue crucial. Es, probablemente, la estrategia más efectiva para establecer límites. Aceptar cosas que no queremos hacer produce resentimiento y agotamiento. Todos

Fingir que no tenemos necesidades no hace que resulte más fácil amarnos.

hemos estado ahí, diciendo «sí» a algo y arrepintiéndonos de inmediato, sintiéndonos atrapados por el compromiso y preguntándonos: *¿Por qué diablos dije que sí? ¡No quiero/puedo hacer eso!*

Sin embargo, es posible revertir ese patrón, ya que llevarlo a cabo es un hábito que se vuelve más sencillo con el tiempo. Si nos damos una pausa antes de responder y resistimos la urgencia de complacer de inmediato a los demás, decir «no» se vuelve más fácil. Una vez que decir «no» a aquello que no es lo mejor para ti se convierte en algo rutinario, comienzas a aplicar de manera natural los mismos estándares a tus relaciones, de modo que la práctica de ser asertivo con tus límites se vuelve más sencilla.

Además, a través de esto, comenzamos a percibir que merecemos ser protegidos y que nuestro tiempo es valioso, porque *nosotros* somos valiosos.

El acto de reclamar nuestro tiempo restablece las dinámicas de poder en nuestras relaciones, lo que nos permite tener más control sobre la dirección de nuestras vidas. Esto, a su vez, nos ayuda a rendirnos cuentas a nosotros mismos, lo cual tiene que ver con la responsabilidad personal, porque hacemos un inventario de nuestras conductas y conectamos con las partes inconscientes de nuestra personalidad que nos llevan a comportarnos de esa manera. Cuando nos hacemos responsables, podemos enfrentarnos a nosotros mismos y a las emociones que hemos reprimido.

Cuando comencé a hacerme las preguntas difíciles —algo que logré mediante audios grabados con el celular—, los sentimientos que surgieron me dejaron completamente aturdida. Pude entender los motivos detrás de mi conducta carente de límites y su efecto en mí. Todos podemos ser honestos con nosotros mismos al establecer límites y *responsabilizarnos* por la forma en que disponemos de nuestro valioso tiempo.

Los límites no son falta de bondad

También me gustaría abordar la relación entre los límites y la bondad. Es fácil percibir el ser complacientes como una forma de cariño; después de todo, estamos haciendo exactamente lo que la otra persona quiere. Por ello, cuando retiramos esa complacencia y establecemos límites, sentimos que somos crueles. Esta sensación puede ser peor si la persona que se beneficiaba de nuestra existencia carente de límites no responde bien y trata de hacernos sentir culpables por cambiar.

Experimentar esta situación puede ser complicado y lo entiendo bastante bien al haberlo experimentado yo misma. Ser demasiado complacientes crea peligros reales, ya que proyectamos una sensación de ingenuidad que atrae a personas con intenciones dañinas y nos hace vulnerables a que se aprovechen de nosotros. Pero fingir que no tenemos necesidades no hace que resulte más fácil amarnos. Recuerda, reclamar nuestro tiempo solo frustrará a aquellos que creen merecerlo en su totalidad.

Debemos protegernos de quienes crean mares turbulentos en nuestro corazón

Establecer un límite no es un acto que surja de la falta de bondad. Ya lo comenté, pero vale la pena repetirlo: nuestros límites existen para protegernos de hábitos y entornos poco seguros, no son un ataque en contra de los demás. El amor incondicional no es sinónimo de tolerancia incondicional. Ser asertivos con nuestros límites no disminuye el amor que tu corazón siente por alguien; puedes amar a esa persona de aquí a la luna... pero de una forma sana.

Los límites te enriquecen

Cuidarnos a nosotros mismos no solo es una elección, sino una responsabilidad. Esta es la razón por la que resulta fundamental ser sabios respecto a la forma en que usamos nuestro tiempo y energía. Los límites no tienen la finalidad de excluir o alejar; al contrario, aseguran que nuestras acciones y nuestra atención reflejen nuestras verdaderas intenciones y nos permitan utilizar nuestro tiempo de la manera más benéfica posible.

Los límites te protegen

Los límites existen para protegernos de conductas dañinas, tanto de las que provienen de nuestro interior como de las de los demás. Si alguien no respeta tus límites, es importante que reconsideres su papel en tu vida y te prepares para alejarte si es necesario. Recuerda, las personas genuinas reconocen y respetan los límites de los demás, y lo mismo aplica para nosotros.

Confiamos en el proceso y entendemos que las cosas requieren tiempo

Si estás leyendo este libro en orden cronológico y acabas de terminar el capítulo anterior, quizá al leer el título de este capítulo hayas pensado: ¿Qué? Espera un minuto, Meggan. ¿No acabas de escribir sobre al valor del tiempo y cómo no debemos desperdiciarlo? ¿Y ahora estás hablando de la importancia de darle tiempo a las cosas?

Si esa es tu primera impresión, no te culpo. Al principio puede parecer contradictorio; pero, vamos, la contradicción forma parte del ser humano. Este capítulo no trata acerca de dar marcha atrás, sino sobre reconsiderar nuestra percepción de la paciencia y el tiempo que requieren las cosas para desarrollarse. Tiene que ver con llevar nuestra conciencia hacia las presiones externas que nos imponemos para lograr ciertas metas a través de fechas límite específicas, los problemas que surgen cuando nos apresuramos y la forma en que podemos perjudicarnos por obsesionarnos con el destino, con los que nos olvidamos de apreciar y disfrutar del viaje.

Como bien sabes, experimenté muchos momentos complicados en mi vida. Al escribir este libro y reflexionar sobre las causas de este dolor, entiendo que parte de él —o mucho de él, de hecho— surgió de la arraigada creencia de que no había cumplido ciertas expectativas dentro de un plazo determinado y, por ello, había fracasado; esto se convirtió en una profunda carencia de autorrespeto que provocó todavía más problemas. Todo está interconectado.

Muchos de los obstáculos por los que pasé —abandonar la universidad, tener una carrera carente de enfoque, la depresión, malas decisiones respecto a mi estilo de vida— fueron amplificados por la presión que me imponía a mí misma. No solo vivía bajo las expectativas de otras personas, sino que también medía mi éxito de acuerdo con sus agendas o con lo que yo percibía que ellos habían logrado. Me volvía loca comparándome con todos a mi alrededor y con lo que habían logrado a los 21, 22, 24, 27... *cualquiera* que fuera su edad. Si no me iba tan «bien» como a ellos, era el fin. Creía que no había nada en mi vida de lo que pudiera sentirme orgullosa, porque no había alcanzado esos hitos «a tiempo».

La sociedad crea plazos llenos de presiones

Muchos de nosotros somos consumidos por esta sensación de urgencia, en especial cuando somos jóvenes. En este momento tengo apenas 35 años, pero conforme avanzo hacia una etapa de mi vida en la que tengo más sabiduría y experiencia de las cuales valerme, puedo mirar atrás y ver cuán dañina era mi mentalidad. Es triste, pero muchos vivimos nuestra juventud a toda prisa tratando de alcanzar ciertas metas. Cuando somos mayores, nos damos cuenta de que lo importante no es cada uno de los logros, sino el proceso, el *viaje*.

En el mundo moderno, la presión de ir por la vida a toda prisa persiguiendo ideales específicos es más fuerte que nunca. Las redes sociales nos bombardean con imágenes de amigos y desconocidos que cumplen ciertas metas fotogénicas: vacaciones interminables, rachas de compras, relaciones perfectas, cuerpos hermosos, matrimonios, bebés, logros profesionales. Esto influye en nuestro pensamiento y ensombrece nuestras aspiraciones, en especial si todavía no las alcanzamos. Por lo tanto, establecemos plazos estrictos para nuestros sueños y nos castigamos cuando no los cumplimos. He sido testigo de esto en mi propia vida y en las vidas de quienes me rodean. Nos permitimos ser dominados por una narrativa social superficial que glorifica los logros rápidos. Esto crea una vida guiada por el ego (¿recuerdas que hablamos de esto en la parte 1?), donde los estándares externos de éxito determinan nuestra valía.

Podemos vivir con propósito a cualquier edad

Uno de los mayores problemas de la presión constante por ser los más rápidos y llegar *primero* es lo que ocurre después de alcanzar nuestras metas. Porque incluso si *logramos* alcanzarlas, ¿qué hay después? La mayoría de estas supuestas «metas de vida» están programadas para los primeros 40 años de nuestra vida; entonces, ¿qué pasa después de eso?

> A lo largo de nuestra existencia humana, acumulamos los hitos que la sociedad nos dice que debemos alcanzar, ¿y luego qué?

Creo que esta es la razón por la que tantas personas experimentan crisis de la mediana edad. Todos sus sueños y metas están en el pasado y, cuando se dan cuenta de toda la vida que les queda sin tener una dirección o un enfoque claro, se sienten desesperanzadas.

La vida no tiene que desarrollarse de esa manera. Los adultos mayores que he conocido, como Millie, la mujer de 89 años de mi comunidad, descendiente de chinos y cimarrones jamaiquinos, me han enseñado que podemos vivir con propósito y disfrutar nuestras aspiraciones a cualquier edad. Millie dice que *todavía* tiene sueños por cumplir. ¿No es inspirador? Alan Roberts, otro adulto mayor que conozco, compró una Harley Davidson a los 70 años, y a menudo hace viajes largos a la costa; solo él, su chamarra de piel, su nueva novia y un montón de suministros. Incluso llevó a pasear a mi mamá una vez, y fue hermoso verla emocionada al subirse al asiento de una motocicleta por primera vez.

Todavía no tengo hijos, pero no significa que no los tendré. Nunca quise ser una madre joven, ya que el ver a mis amigos tener hijos en diferentes momentos me demostró que tampoco hay una edad «perfecta» para convertirnos en padres. Todo eso me ha enseñado que no tenemos que apresurarnos, sobrepensar o estancarnos.

Sin importar nuestra edad, la vida puede sorprendernos y ofrecernos metas alcanzables

Los plazos que nos imponemos nos restringen y generan sentimientos de insuficiencia y fracaso; son ficticios y no deberían dictar el rumbo de nuestra vida. La vida no es una carrera en la que alcanzamos el éxito y de pronto todo se acaba. Estar rodeada por estos adultos mayores inspiradores y observar los últimos años de mi mamá me enseñó que tener una vida enriquecedora significa vivir con intención, atesorando cada año como una bendición. No deberíamos vernos como un fracaso solo porque no nos graduamos a los 21 años.

Adoptar este punto de vista redujo la ansiedad en mi interior. Al nutrir mi mente y mi cuerpo para mantenerme sana, aprendí que no es necesario apresurarnos. Puedo disfrutar el viaje; todos podemos. Sin duda, el tiempo es valioso, pero eso no significa que tengamos que consumirlo a toda velocidad; debemos tomarnos nuestro tiempo y comenzar a atesorarlo.

La paciencia te enriquece
La vida está hecha para vivirse y debe fluir con libertad hacia cada nueva etapa. No debemos tener miedo de asimilar la paciencia en nuestro progreso. Mientras nos comprometamos con el trabajo que debemos realizar para evolucionar y nos mantengamos fieles a nosotros mismos, estaremos en el camino correcto.

La paciencia te protege
Cuando vamos por la vida a toda velocidad con la mirada fija en las metas, perdemos de vista la esencia del tiempo. Recuerda, ¡no recibirás una medalla por llegar primero!

Reconocemos el poder del perdón

En la introducción de este libro, mencioné el inmenso poder de la vulnerabilidad. Atrevernos a abrirnos y aceptar nuestro lado vulnerable no nos hace débiles; al contrario, es un auténtico superpoder.

En mi experiencia, no hay acto más vulnerable que perdonar a alguien por el dolor y el daño que te causó en el pasado. Eso fue lo que sucedió con mi abuelo.

Como recordarás, mi mamá y yo nos distanciamos de mi abuelo debido a su conducta abusiva y a las palabras dolorosas que me dijo cuando era niña. Realmente fue un hombre horrible que trató a su familia de forma horrenda, por lo que al principio me resistí bastante a que regresara a nuestras vidas.

La reunión ocurrió de manera inesperada. Mi mamá había adoptado un estilo de vida más sencillo, con menos horas de trabajo después de su primera batalla con el cáncer. Llevaba una vida simple y agradable que incluía la iglesia, el gimnasio, ayudarme con mi negocio y socializar con sus amigos. También ayudaba a Millie todos los miércoles con sus compras semanales en Sainsbury's. Un día vio a mi abuelo Freddie por mero azar en los pasillos de la tienda, y quedó impactada por su apariencia. Mi abuela, quien hacía todo por él en la casa, había fallecido de cáncer unos años antes, por lo que vivía solo. Según me contó mi mamá, mi abuelo parecía un indigente. Solía ser muy meticuloso con su aseo personal, y ahora tenía el cabello enmarañado, una barba descuidada y su ropa estaba sucia.

Aunque mi madre no estaba segura de lo que debía hacer, Millie le pidió que se acercara a hablarle.

—Janette —le dijo—, es tu padre. Sé que te duele, pero ve a saludarlo al menos. Yo te espero aquí. Estarás bien.

Pese a todo, mamá siempre guardó en su corazón la posibilidad de que su familia cambiara, por lo que dejó a Millie y se acercó a él.

Al verla, mi abuelo se sintió abrumado por las emociones.

—¿Necesitas ayuda, Freddie? —le preguntó mamá.

—Oh, Janette, vaya. Sí. Sí, por favor —respondió, mientras sus ojos se llenaban de lágrimas.

Ahí estaba, un hombre que jamás en su vida había mostrado emoción o arrepentimiento alguno, pero que ahora estaba completamente vulnerable, solo y sin ayuda. El estado de abandono de Freddie cuando mamá lo llevó a casa era evidente, y ella se dio cuenta de que necesitaba ayuda urgente.

Esa noche, mamá me habló del encuentro y me dijo que, a partir de ese momento, lo llevaría a comprar comida una vez por semana. Yo estaba furiosa; habíamos pasado la mayor parte de nuestras vidas sanando esas heridas. No podía entender por qué lo volvía a invitar. Discutí con ella y le dije:

—¿Por qué lo traes de vuelta a nuestro espacio? No lo quiero cerca de ti. Va a herirnos otra vez. ¿Qué importa si ahora vive así? Es su karma. Al diablo.

Pero mamá había tomado su decisión.

—Meggan —me dijo—, debes aprender que hay un momento para perdonar, y así es como luce.

Entender el poder del perdón

Pasaron alrededor de seis meses para que suavizara mi postura gradualmente. Al principio, no quería tener nada que ver con el resurgimiento de esa relación, que pasó de encuentros semanales a visitas más frecuentes, por lo que mantuve mi distancia. Pero comencé a ver que mamá estaba tomando todas las enseñanzas que había aprendido en terapia para construir una relación más sana con su padre. Era una dinámica totalmente distinta a la anterior.

Nunca había visto que tuvieran una relación sana. Él siempre era el abusador y ella la víctima. Ahora mamá establecía límites claros y no toleraba ninguna conducta negativa. Si él se comportaba como un idiota, mi madre decía: «Muy bien, me voy ahora mismo. ¡No vas a arruinarme el día!». Tenía el control de sus emociones y de su forma de experimentar la relación y, para mi sorpresa, mi abuelo respetaba esos límites. Un día lo vi en la entrada de su casa y lucía como si le hubieran devuelto la vida. Se veía rejuvenecido y casi alegre. Al parecer, el amor de mamá lo había revivido.

Si reflexiono al respecto, creo que fue un acto hermoso de sanación por parte de mamá. Reconstruir desde el amor propio una relación con alguien que había sido una fuente de dolor es algo extraordinario. La relación dejó de ser una dependencia dañina y se transformó en algo que ella elegía y manejaba a *su* manera, y le dio paz en sus últimos años. La experiencia me demostró el poder del perdón de la forma más vívida.

Me demostró que el perdón no solo libera a la persona perdonada, también calma el caos emocional dentro de la persona que perdona.

Con el tiempo, yo también volví a tener una relación cordial con mi abuelo y, sorpresivamente, me brindó apoyo cuando mamá falleció. Cuando estuve atrapada en Santa Lucía, tratando de transportar el ataúd de mi madre a Trinidad mientras los aeropuertos estaban cerrados debido a la pandemia, mi abuelo me ayudó financieramente, lo que me permitió contratar un pequeño avión para llevarla a casa. Es algo por lo que siempre le estaré agradecida.

Cuando volví a Reino Unido y su salud decayó, cuidé de él. Mamá me había pedido que, si ella llegaba a fallecer, continuara sus esfuerzos para cuidar a su padre. En ese momento, acepté con renuencia, pero no sabía que esa labor también me ayudaría en mi viaje de sanación. Lo ayudé a renovar su casa para que pudiera venderla antes de mudarse a un asilo. Ahora sufre de demencia incipiente y no recuerda mucho del pasado, pero todos en el asilo lo adoran y dicen que les produce mucha alegría, un marcado contraste con la persona que solía ser.

Estoy convencida de que el acto de perdón de mamá fue lo que provocó esa transformación. Mi madre le entregó su amor con límites sanos y, a su vez, eso hizo que él se sintiera amado y aliviado. ¡Ahora todos esos extraños experimentan la mejor versión que ha existido de mi abuelo! Y aunque es irónico, no siento amargura.

Esta transformación es un testamento del poder del perdón. Una de sus hijas lo perdonó, lo que le permitió modificar su conducta y aprender a dar y recibir amor de nuevo. A veces, cuando miro a mi abuelo, veo una lección viviente que se manifiesta en forma humana. Al final, él estuvo presente tanto para mí como para mamá, algo que nunca creí posible.

Debemos aceptar el perdón

Esta historia subraya la importancia del perdón y el valor de incluir a los demás en nuestro proceso de sanación. Mi mamá fue la guía al perdonar a mi abuelo y, con el tiempo, yo seguí su ejemplo. Fue un viaje largo y lleno de dudas, pero al final encontramos la manera de forjar una nueva relación con él que fuera sana para ambas.

Aunque todas nuestras experiencias son profundamente personales y tenemos que superar nuestros propios problemas, no existimos como islas completamente independientes del resto de las personas. Es fácil subestimar el impacto que los viajes de los demás tienen sobre nosotros, pero ese impacto es *enorme*. Si pensamos en las personas que nos han causado daño emocional —sea cual sea la apariencia que tenga ese daño—, lo más probable es que ellas también estén lastimadas y expresen su dolor hacia el exterior, hacia los demás. Cuando nuestros caminos se cruzan, su viaje se convierte en nuestro viaje.

No sugiero que todo daño o toda persona que nos lastima merezca perdón. Hay muchas transgresiones imperdonables, y a veces las personas no están listas para rehabilitarse ni dispuestas a confrontar sus actos. Pero muchos otros sí lo están.

La rehabilitación es una de las herramientas más poderosas a nuestra disposición como humanos; tenemos la habilidad de mejorarnos, de corregir nuestros errores, de evolucionar y expresar arrepentimiento. Levantar las manos y decir: «Perdóname, lo siento» es un acto de valentía. Cuando estamos en nuestro viaje de sanación y mejora personal, extender la mano a alguien que se encuentra en un viaje similar es un gesto profundo y compasivo.

El perdón te enriquece

Al elegir reconciliarse con su padre, mi mamá encontró un sentido superior de paz en sus últimos años de vida. Fue capaz de sanar y enriquecer su propio corazón. Ser testigo de esa transformación me enseñó la increíble fuerza del perdón. No es un camino sencillo, pero cuando lo abordamos con sinceridad, se convierte en una fuente de renovación y sanación.

El perdón te protege

Al principio, cuando traté de convencer a mamá de no permitir que mi abuelo regresara a su vida, de verdad creía que la estaba cuidando. Pero ella me dijo con firmeza:

—Ya tomé mi decisión y eso es lo que haré. De verdad apreciaría que me apoyaras, pero entiendo si no puedes hacerlo.

Cuando vi la forma en que redefinió su relación bajo términos que protegían su bienestar emocional, aprendí una valiosa lección. Formar relaciones con ese tipo de cimientos no drena nuestra energía; al contrario, mejora nuestras vidas.

Dejamos ir el control y permitimos que el destino haga su parte

El control es un tema recurrente en este libro porque ha sido parte de muchos aspectos diferentes de mi vida y de las vidas de quienes me rodean.

Observé cómo algunos familiares intentaban controlar la vida de sus hijos, al sabotear sus oportunidades y destruyendo relaciones en el proceso. Me di cuenta de que estaba evitando mis propios problemas al intentar «arreglar» e influir sobre los caminos que mis amigos tomaban, en vez de enfocarme en mi camino. Noté que tanto yo como muchos amigos nos perdíamos ante distracciones superficiales debido al control de nuestros egos. Además, dejé que el miedo me dominara y me hiciera vivir a medias por estar atrapada en el prospecto del fracaso.

En muchas de estas situaciones, los esfuerzos por tener el control carecían de sentido y eran una pérdida de tiempo y energía. Los hijos de mis familiares nunca iban a ser felices en el camino que sus padres querían que siguieran; tampoco iban a serlo mis amigos cuando yo trataba de hacerles lo mismo. Todos tenían su propio destino de vida y, adivina qué: no dependía de mí o de sus familias decidir cuál debía ser. Asimismo, como ya sabes, recurría al control para evadir mis verdades incómodas.

Hay aspectos de la vida que simplemente están más allá de nuestro control y del de los demás. Sin importar lo que hagamos, hay cosas que van a ocurrir. Estos eventos van desde sorpresas alegres, como conocer al amor de tu vida, hasta tragedias, como la muerte de alguien cercano. Cuando me hice la prueba para detectar el gen BRCA relacionado al cáncer de mama, me tomó casi un año leer los resultados. Casi todos en mi familia han muerto debido al cáncer y, por fortuna, yo no tengo ese gen, lo cual agradezco... pero no había nada que yo pudiera hacer para controlar o influir sobre ese resultado. No se trata solo de enfermedades, tragedias o triunfos... Creo que gran parte de nuestra existencia está marcada por una maravillosa inevitabilidad kármica, y cuanto más nos resistimos a ella, más infelices somos.

Es un concepto difícil de asimilar, y tal vez esta idea parezca ir en contra del tema de este libro, que está enfocado en confrontarnos y retomar el control de nuestra vida ante las influencias dañinas. Es una postura que mantengo. Pero, a veces, cuando abusamos del control y lo usamos en exceso, se vuelve en nuestra contra. Podemos obsesionarnos en usarlo como herramienta hasta comenzar a creer que podemos controlarlo *todo,* ya sean personas, situaciones, desenlaces futuros... todo; esto inevitablemente lleva a la frustración y la decepción. Considero que el control puede volverse peligroso cuando se entrelaza con el perfeccionismo, la evitación y la manifestación.

Abusamos del control a través del perfeccionismo...

La búsqueda obsesiva de la perfección puede generar caos en nuestro equilibrio mental y emocional. En la parte 1, profundicé al respecto, así que no hay necesidad de reiterarlo todo aquí. No obstante, vale la pena recordar que tratar de controlar cosas como nuestra apariencia o presentación en busca de un «ideal» inalcanzable es en realidad un camino que lleva a la infelicidad y la miseria, y eso también se aplica al intento obsesivo de ser la «mejor» persona.

Podemos comenzar a soltar este apego al perfeccionismo apreciando la belleza de lo que existe en este momento.

> Reconocer nuestra plenitud involucra aceptar la abundancia de nuestro carácter y rechazar la noción de perfección, porque esta última simplemente no existe.

Nadie nos exige ser perfectos, ni siquiera el universo, que en sí mismo es un estudio sobre la belleza imperfecta. Separarnos de este hábito no es un camino en línea recta, pero dar pasos pequeños puede hacer una gran diferencia. Considera dejar de seguir en redes sociales a las personas que te hacen sentir insuficiente y evita usar filtros. Acepta el hecho de que tienes defectos, todos los tenemos y seguiremos teniéndolos a pesar de todos nuestros esfuerzos.

... mediante estrategias de evitación

Otra manera en que el control se manifiesta de forma dañina es mediante la evitación. Como sabes, pasé años escapando de mí misma al intentar controlar las vidas de otros bajo la excusa de «querer ayudar». Es algo muy común en esta vida, y probablemente también tú lo has hecho. Si sientes que tienes una fijación poco sana con las decisiones que alguien más toma en su vida, y que va más allá del nivel normal de participación que tendría un amigo o un familiar, es hora de hacer una pausa y reflexionar.

Cuestiona tus motivos: ¿por qué es importante para ti? ¿Por qué sientes que tú deberías ser responsable de manejarlo y no esa persona? ¿Le permites seguir su propio camino o estás intentando crearle uno? ¿Esa persona quiere tu ayuda o estás usando su vida para dejar de lado tus propios problemas? Es esencial que seas brutalmente honesto contigo mismo.

> La vida de los demás no te pertenece, sin importar lo nobles que sean tus intenciones.

... y a través de malinterpretar la manifestación

Por último, el control se vuelve problemático cuando lo confundimos con la manifestación. Esto es algo importante. Manifestar es un término que adquirió cierto impulso en años recientes. A menudo las personas hablan sobre manifestar sus sueños en la realidad, pero esta práctica tiene un significado más profundo. Entonces, ¿qué significa realmente manifestar?

La verdadera manifestación tiene que ver con ser paciente contigo mismo y honrar el proceso. Al combinar el trabajo duro, la consistencia y la persistencia, lo que está destinado a suceder llegará a ti; solo debes permitir que los milagros y los avances fluyan, y dejar de intentar controlar cada aspecto de tu vida. Comienza con cosas pequeñas y avanza poco a poco.

Darle espacio al destino te enriquece
Al sentirnos cómodos con el concepto de destino, nos permitimos entender que la vida es más grande que nosotros y las decisiones que tomamos. Reconocer que no podemos controlar todo aquello a lo que estamos destinados es un proceso de aceptación gentil. Debemos agradecer por lo que tenemos mientras aspiramos a tener más, y permitir que el viaje de la vida se desarrolle a su ritmo natural. Aquello a lo que estamos destinados llegará a su debido tiempo.

Darle espacio al destino te protege
Nada ocurre por coincidencia, ni tenemos el control total de la dirección que tomará nuestro camino. Al apreciar esto, podemos soltar los sentimientos de frustración cuando algo no coincide con nuestros planes. Nos protegemos al quitar el pie del acelerador de la vida, y cuando las cosas buenas llegan a nosotros, la gratificación retrasada las vuelve más dulces.

La verdadera manifestación tiene que ver con ser paciente contigo mismo y honrar el proceso; solo debes permitir que los milagros y los avances fluyan, y dejar de intentar controlar cada aspecto de tu vida. Comienza con cosas pequeñas y avanza poco a poco.

Aprendemos a soltar cuando es necesario

Bueno, aquí estamos. Llegamos al capítulo final de este libro. Hemos viajado juntos hasta este punto y es el momento perfecto para profundizar en el tema de los finales, porque lo único inevitable en esta vida son los finales.

Nuestras vidas consisten en experiencias individuales numerosas y hasta incontables, las cuales forman distintos capítulos dentro de nuestra existencia. Cada uno de estos capítulos tiene su propio principio e, inevitablemente, su propia conclusión.

Durante el proceso de escribir este libro, repasé mi vida con meticulosa atención, filtrando recuerdos, encuentros y experiencias para encontrar un significado que pudiera traducir en palabras. Fue un viaje intenso, pero también me demostró que nuestras vidas se conforman naturalmente de principios y finales. Todo el tiempo surgen capítulos nuevos en nuestras vidas, y para evolucionar y crecer como personas, también tenemos que despedirnos de los capítulos viejos.

Algunos de estos capítulos se desarrollan de manera orgánica, pues son hitos circunstanciales, como pasar de la primaria a la secundaria, o el proceso de la niñez a la adultez, además de los cambios que acompañan a estos eventos, ¡que se producen queramos o no! Otros son creados cuando enfrentamos los impactos que surgen de la nada, como perder a un ser amado. Desde que perdí a mi mamá en 2021, he experimentado lo que parece una segunda muerte y un renacimiento emocional. Como ya mencioné, la primera vez ocurrió tras su diagnóstico inicial de cáncer, lo que me llevó a analizar a fondo la persona en la que me había convertido (insegura y obsesionada con mi ego) para empezar a enfocarme en lo que es importante en la vida.

Nuevos comienzos y capítulos viejos

Siento que en los últimos años de verdad comencé a transformarme en la siguiente versión de mi ser, y es un cambio que llevo a cabo de manera deliberada. Al mirar atrás y ver a mi versión de adulta joven, veo a alguien que todavía estaba en sus primeras etapas de crecimiento. Hoy día, debido a todo lo que soporté y a que aprendí realmente a sobrevivir ante los golpes brutales de la vida, reconozco a una persona que reconstruyó su vida desde cero.

He dedicado mucho esfuerzo a sanar y a cambiar mi propia narrativa: la forma en que me percibo, el daño que le hacía a mi corazón y la manera en que me tropezaba conmigo misma. Al perder a mamá —mi epítome del amor, mi fuerza vital, mi mejor amiga y la única persona en la que pude confiar como mi verdadera familia a lo largo de mi vida—, quedé completamente sola. Pero al sanar, llegué a comprender que soy todo lo que tengo. Conforme la vida de todos a mi alrededor progresó, me di cuenta de que era hora de reconstruir mi propia vida.

Comenzar el capítulo más sano de mi vida significa que debo despedirme de algunos de los capítulos viejos. Así que adiós y buen viaje a la persona que solía ser, y a las personas que tuve que retirar de mi vida por estar apegadas a esa versión. Algunas de esas despedidas fueron una decisión, otras no.

> Muchos finales son difíciles, y con frecuencia no son nada agradables, pero son partes esenciales e inevitables de nuestro viaje.

La dificultad de aceptar el cambio

Es interesante lo desafiantes que pueden resultar los cambios a pesar de ser un aspecto fundamental de la experiencia humana. Nada ni nadie permanece igual... pero es una de nuestras mayores luchas. A menudo queremos que las situaciones, las personas, nuestra familia y nuestros amigos sean constantes, pero el cambio es inevitable, y cuando se produce —como debe ocurrir y ocurrirá—, puede derribarnos. Las alteraciones importantes en la vida, como terminar una relación larga, o incluso una modificación pequeña en las circunstancias actuales, como la llegada de un nuevo jefe en el trabajo, pueden hacernos sentir confundidos y desorientados. Tal vez nos sintamos perturbados y hasta nos resistamos al cambio a través de la negación y la ira, o buscando —de forma inútil— restaurar el orden anterior de las cosas.

Es normal que nos sintamos raros cuando ocurre un cambio. Creo que es una respuesta natural a las alteraciones que percibimos en el terreno bajo nuestros pies; en otras palabras, ¡tratamos de mantenernos bien plantados! Pero a veces ese miedo profundo al cambio puede llevarnos a tratar de eludirlo y hacer todo lo posible por evitar que ocurra. Al igual que en otras maneras en las que, sin darnos cuenta, nos rompemos el corazón, dejamos que el miedo nos controle y nos mantenga atrapados en una falsa sensación de

Todo el tiempo surgen capítulos nuevos en nuestras vidas, y para evolucionar y crecer como personas, también tenemos que despedirnos de los capítulos viejos.

seguridad. La idea de enfrentar el cambio puede ser aterradora, pero evitarlo solo prolonga nuestro sufrimiento.

Sentir miedo y arriesgarnos de todas formas

Educarnos a nosotros mismos requiere tiempo, pero debemos aprender a aceptar la noción de cambio; un primer paso es sentirnos cómodos con nuestros miedos. No es necesario conquistarlos o eliminarlos por completo, porque experimentar el miedo es una parte natural del ser humano. Podemos comenzar este proceso reconociendo nuestros miedos y siendo honestos respecto a ellos y su impacto. Hace años, Susan Jeffers escribió un famoso libro de autoayuda titulado *Aunque tenga miedo, hágalo igual*, y el título mismo encapsula este enfoque a la perfección.

> Podemos aceptar que le tememos al cambio y, a través de esa aceptación, podemos comenzar a asimilarlo.

Mi mamá creía firmemente en el poder del cambio; pero, en lo que respecta a su familia, le resultó difícil realizar de forma oportuna los cambios que podrían haberle evitado años de dolor. Brindó demasiadas oportunidades y, antes de actuar, esperó hasta no tener otra opción. Pero una vez que encontró el valor para enfrentar finalmente ese miedo y superarlo, disfrutó algunos de los mejores años de su vida. Cerró un capítulo y abrió otro, y vivió esos años llena de luz y vitalidad.

Incluso en sus últimos meses me expresó cuánto atesoraba su vida, en especial después de reunir la libertad mental para distanciarse de su familia. Aunque para mí fue un modelo a seguir increíble, también fue clara respecto a la importancia de no esperar, como lo hizo ella, para comenzar mi viaje de sanación.

—Bebé, por favor, no esperes a tener 60 años para comenzar a vivir una vida plena —me dijo.

Aprender a soltar en el camino

No tenemos que esperar a llegar al capítulo final de la sanación para comenzar a crear una vida nueva; podemos implementar cambios y disfrutarlos en el camino. Al formar nuevos hábitos —sin importar lo pequeños que parezcan, como bajar del autobús una parada antes para caminar más, o no buscar nuestro teléfono justo al despertar—, reconocemos nuestra constante evolución y aceptamos nuestra capacidad de adaptarnos y transformarnos, asimilando que el cambio siempre está a nuestro alcance.

Así, cuando ocurran cambios inesperados, como la pérdida de un trabajo, un fallecimiento o el fin de una relación, estaremos mejor preparados para manejarlos. No digo que estos cambios no dolerán o no nos lastimarán; claro que lo harán. Pero podemos abordar estas situaciones con precaución, entendiendo que, independientemente de su importancia, todo capítulo llega a su fin. Aceptar esto es fundamental para transitar por la vida con una mentalidad gentil y honesta.

Dale la bienvenida al miedo, porque así es como se siente soltar. Nuestro viaje de sanación comienza verdaderamente cuando reconocemos que la vida es evolución perpetua. Cuando un capítulo termina, otro empieza; entonces, deberíamos disfrutar el viaje.

Aprender a soltar te enriquece

No importa qué tan largo sea el viaje, nunca olvides que eres el creador de tu propio santuario; debes cultivarte y cuidarte a ti mismo. Al aceptar los cambios como una parte natural del viaje de la vida, comenzamos a remover los bloqueos que fomentan nuestras limitaciones.

Aprender a soltar te protege

Tu alma sabe cuándo un capítulo llegó a su fin. Al ser honesto contigo mismo y estar en sintonía con tu intuición, evitarás lastimar tu corazón si aceptas los cambios inevitables en lugar de resistirte a ellos. A veces el cambio duele, pero impedirlo solo intensifica ese dolor.

Reflexión

Quiero dejar claro que ni esta parte ni el libro en su totalidad tienen como finalidad esculpir una versión «terminada» de ti. No es mi intención afirmar que seguir estos consejos te hará inmune a los errores. Todos somos seres hermosamente imperfectos, y asimilar nuestros defectos no solo es aceptación, sino una enseñanza vital en este viaje. El objetivo es desarrollar tu autoconciencia, fomentar la fe en ti mismo y adoptar un enfoque armonioso respecto a los desafíos de la vida. Así, llevar con nosotros lo que hemos aprendido, aceptarlo en lugar de descartarlo, es un buen progreso.

Dedica tiempo a reflexionar y anotar tus pensamientos: ¿cómo te sientes respecto a ti mismo tras haber leído este libro? ¿Qué hizo eco en ti? ¿Qué verdades te resultaron más cercanas? ¿Planeas hacer algún cambio o ya comenzaste a implementar algunos?

Conclusión

¿Alguna vez viste la película *8 Mile: Calle de las ilusiones*? Es un clásico en el que Eminem interpreta al personaje Jimmy Smith jr., también conocido como B-Rabbit, en una historia llena de lucha, sueños y resiliencia dentro del mundo del rap.

Mamá adoraba esa película, al igual que yo. Recuerdo vívidamente la primera vez que la vi y lo que más me impresionó fue la batalla final de rap, donde B-Rabbit tiene que enfrentar a otro MC[1] llamado Papa Doc.

En esa escena, el personaje de Eminem sube al escenario y expone toda su vida, sus vulnerabilidades, su duro pasado, el hecho de que es clasificado como «basura blanca», su vida difícil, todo. Le es fiel a su verdad y se apropia de ella sin remordimientos. Cuando le devuelve el micrófono a su oponente, Papa Doc se queda sin palabras. Como B-Rabbit ya lo reveló todo, lo dejó sin municiones. Todos comienzan a abuchearlo y, no es broma, se siente como lo más profundo que he visto jamás.

---

[1] Siglas en inglés para Maestro de Ceremonias, título que reciben los intérpretes de rap en la cultura del *hip-hop*. (N. del t.).

Implementé este enfoque en mi vida, porque es muy difícil —casi imposible, de hecho— derribar a alguien que es completamente honesto respecto a sí mismo y acepta todos sus defectos.

Aceptar la fortaleza a través de la honestidad

La película *8 Mile* me enseñó una lección que cambió mi vida: ser fiel a tu verdad sin avergonzarte te vuelve indestructible, porque desarma a tus enemigos y los deja sin nada que puedan usar en tu contra; en otras palabras, cualquier crítica que puedan tener, ya la has reconocido. Además, también te deja *a ti* sin nada por lo que puedas castigarte. No hay verdades ocultas ni vergüenzas secretas. Esto se conecta con lo que dije al principio del libro respecto al poder de la vulnerabilidad: al abrirnos a la honestidad total y deshacernos de las máscaras que presentamos ante los demás y ante nosotros mismos, hacemos posible la verdad, la honestidad y la fortaleza.

A lo largo de este libro, me he dado a la tarea de mantener esta honestidad. He sido abierta respecto a mis fracasos, mis momentos más oscuros y mi viaje de reconstrucción a través de una transparencia que a menudo es complicada y dolorosa. Hay un pensamiento que no ha dejado de recorrer mi mente en los últimos años: *Si puedo lograrlo, si puedo sanar, también pueden lograrlo los demás.*

Esta es la razón por la que me apasiona tanto reforzar la idea de que podemos reconstruir nuestra vida después de las pérdidas y los traumas, después de convencernos de no ser dignos de experimentarla a plenitud, incluso si estamos a kilómetros de donde deberíamos estar. *Todavía* tenemos la capacidad de volver a nuestro ser y vivir una existencia más plena y feliz.

Tu experiencia en este viaje

Tengo curiosidad respecto a tu sentir después de leer este libro. Si llegaste hasta aquí luego de leer todo el contenido (en vez de solo saltar al final con la esperanza de encontrar una solución sencilla a las complejidades de la vida; si es el caso, ¡no te juzgo!), entonces, en primer lugar, *gracias*. En segundo lugar, *¡vaya!, ¿cómo estás?*

Exploramos muchas cosas, porque este libro es una colección y una síntesis de todo lo que he aprendido: ver a mamá sanar sus traumas infantiles, los hábitos destructivos que desarrollé, los hábitos sanos que aprendí durante mi propio viaje de sanación, las enseñanzas esenciales de la terapia, y la sabiduría que obtuve de los adultos mayores que me criaron en mi comunidad.

Analizamos a profundidad cómo rompemos nuestro corazón, cómo podemos emprender el camino para sanar y cómo mantenemos vivo ese proceso al enriquecer y proteger nuestro corazón. Ha sido un viaje significativo y, aunque en ocasiones te haya parecido desafiante, espero sinceramente que haya sido benéfico. Porque ese es el propósito de este libro. Esa es la razón por la que he sido transparente en todos los capítulos. Porque al compartir nuestras historias, normalizamos nuestras experiencias y, en consecuencia, nos inspiramos mutuamente.

Este no es el final

Como mencioné antes, abrirnos a la honestidad y la vulnerabilidad no implica que este sea el «final» de nuestro viaje.

> El viaje para sanar no tiene fecha de vencimiento. Es un proceso constante y natural de la vida: resistimos, somos heridos y sanamos.

La vida siempre nos pondrá desafíos y obstáculos en el camino, y la clave no es cerrarnos para evitar el dolor, sino cultivar las herramientas emocionales y la autoconciencia para lidiar con esos retos de la mejor forma. Mira, puede que llegues a una etapa en la que lleves a cabo todos los cambios necesarios y tu nueva vida coincida perfectamente con tu visión, pero incluso al seguir creciendo, es inevitable que cometamos nuevos errores y enfrentemos desafíos diferentes, lo que fomentará un mayor crecimiento y aprendizaje.

Lo que intento transmitir es que, en este viaje, no hay forma de perder. Todo es un proceso en el que todos ganan; no solo nosotros, sino también las personas en nuestras vidas. Entiendo que puede ser abrumador, ¡para mí lo fue! Fue *tan* atemorizante que me tomó años confrontarlo. Pero lo que me motivó a comenzar y me alentó a desenterrar y confrontar todo aquello que había enterrado en las profundidades de mi pasado fue la esperanza de un futuro más brillante, en el que despertar libre del peso de mi corazón apesadumbrado era una posibilidad *realmente* palpable.

Pedir ayuda a los demás

Considero que, además de mi fuerte determinación para superar la mentalidad destructiva que socavó gradualmente mi vida, es importante resaltar otro elemento crucial en mi recuperación: entender que no podía hacerlo sola. Tras ver a mamá normalizar durante toda una vida el hecho de asistir a terapia, recordé lo importante que fue este recurso para mantener la serenidad de mi hogar.

Sabía que era el camino que debía tomar para realinearme conmigo misma y hacer las paces con la profundidad de lo que enfrentaba y la cantidad de traumas que debía sanar. ¡Y vaya que me abrió los ojos!

Antes de eso, mi vida era un caos. Incluso pinté las paredes blancas del departamento de mamá con una pintura café oscura y lúgubre que reflejaba mi confusión interior. Mis amigos se preocupaban mucho porque pensaban que me estaba volviendo loca, y así era. Consumida por la tristeza, me debatía entre no querer vivir y aferrarme a los sueños que mi mamá siempre había creído que podría alcanzar. El punto de quiebre llegó cuando mi pareja, con quien apenas comenzaba a salir, hizo una limpieza profunda de toda mi casa mientras yo dormía. Despertar y ver ese cambio me hizo consciente de cuánto me había abandonado. Como dice el dicho, tu hogar es un reflejo de tu mente.

Es crucial reconocer cuando hemos tocado fondo y necesitamos buscar ayuda profesional. Ignoré a mi terapeuta durante casi un año, hasta que mi estado mental se volvió intolerable y comencé a sufrir temblores debido al trastorno por estrés postraumático y a los ataques de pánico diarios; sabía que debía buscar ayuda. El apoyo que recibí durante el siguiente año fue fundamental; su ayuda, literalmente, me salvó la vida. Cuando miro atrás, mi frágil estado mental me resulta casi inimaginable. Estoy muy orgullosa de mí misma por reconocer que necesitaba ayuda, y es algo que también pido con vehemencia a los demás.

Cuanto más pronto fortalezcas tu voluntad, más rápido podrás recuperar el control de tu vida. Nuestra salud mental es delicada y, si algo se siente fuera de lugar, saber ceder y buscar ayuda resulta vital. La terapia está bastante normalizada en nuestra generación. Digo, ¿quién *no* ha ido a terapia hoy en día?

> Buscar ayuda no es una derrota; simplemente estás reconociendo que pudiste solo hasta cierto punto, pero con el fin de superar el dolor, aceptas que necesitas brazos más fuertes que te ayuden hasta que recuperes la fuerza para sostenerte a ti mismo.

A través de estas experiencias, comprendí muchas cosas, una de las cuales se convirtió en la piedra angular de este libro. Al principio me resultó difícil aceptar que una ruptura de corazón no siempre es el resultado de las acciones de alguien más, también puede deberse a nuestra propia inhabilidad de tratarnos con cuidado. Desempeñamos un papel fundamental en la creación de nuestro propio dolor. En cuanto decidí tratarme con más compasión, mi vida se abrió de muchas formas increíbles; no solo es algo que deseo para ti, *sé* que también te sucederá a ti.

Acercarnos gracias a The Good Quote

Espero que The Good Quote siga siendo un faro de conexión humana en la vida diaria de todos sus usuarios. Puede ser solo un momento pequeño, un instante de lectura y un vistazo a nuestros teléfonos, pero esos pocos segundos pueden tener un impacto enorme. Las palabras correctas en el orden apropiado pueden conectarnos. Detrás de cada publicación, hay una intención que impacta a nuestros lectores de formas que van mucho más allá de nuestra interpretación. Todos los días plantamos las semillas de la esperanza en los corazones de millones, y a pesar de no saber dónde aterrizarán esas palabras, las semillas tienen el potencial de florecer en la vida de alguien. Nuestra responsabilidad es simplemente seguir sembrándolas.

Te agradezco de nuevo por leer este libro y permitir que nuestros viajes se encuentren. Como dije al principio, nuestros corazones comparten una coherencia mutua. Todos experimentamos sentimientos y pensamientos, tanto hermosos como brutales. Todos buscamos conexiones y amor. Te deseo suerte en tu viaje de sanación: recuerda que la belleza reside en el viaje y **a todos nos esperan días mejores.**

MEGGAN X

Resistimos.

Nos hieren.

Sanamos.

Agradecimientos

A la honorable Evelyn Lobyn, la bisabuela que nunca conocí, pero sentí: escuché historias sobre ti toda mi vida. Mamá me amó y crio del mismo modo en que tú la amaste y criaste. Gracias por tus sacrificios infinitos y las estrategias intencionales que elegiste para criar a mamá, de las cuales yo también me beneficié. Que duermas bien.

A Olive Lewis, mi tía abuela: ¿cómo puede emanar tanto cariño de una persona? Cuando crezca, quiero recibir tanto amor como tú. Eres el corazón de nuestra familia. Recuerdo cuando todos pasábamos el tiempo juntos en la entrada de la casa, conversando hasta el atardecer. Te extrañaré siempre. Que duermas bien.

A Merlin Zephyrine, mi tío abuelo: gracias por tu habilidad para esclarecer y facilitar cualquier situación, por recordarme apreciar las simplicidades de la vida y por hacerme amar View-Points. Que duermas bien.

A Baba Zephyrine, mi tío abuelo: no te tomabas muchas cosas con seriedad, pero siempre fuiste serio respecto a la familia. Siempre valoraré tus esfuerzos por estar cerca cuando te necesitaba. Eres el hombre más gracioso que he conocido. Que duermas bien.

A Shirley Zephyrine, mi tía abuela: viviste la vida con intención, siempre cumpliste tu palabra y mantuviste cerca tu Biblia. Eres el corazón más suave con el abrazo más cálido. Te extraño. Que duermas bien.

Al pastor Williams: gracias por siempre recordarme involucrar a Dios en todo lo que hago y citar las escrituras de la Biblia al hablar con Él. Todavía no me siento cómoda rezando en voz alta, pero lo intento. Que duermas bien.

A Sammy, mi padrino: una boca llena de oro y un corazón lleno de alma. Fuiste un hombre honorable, confiable y leal, y siempre estaré agradecida por los ejemplos que estableciste. Gracias por ser un buen amigo para mamá. Que duermas bien.

A Tom Glaser: recuerdo cuando publicaste tu libro e hiciste énfasis en la importancia de compartir tu historia. Mamá pasó semanas en vela corrigiéndolo. No solo me inspiraste a trabajar en mí misma, sino que ahora también soy escritora. Que duermas bien.

A mi tía Wilma Lewis (Welma): gracias por estar en contacto desde el fallecimiento de mamá. Te aprecio x.

A la tía Carol y su familia: los quiero a todos.

A mi familia en Trinidad, los Harewood y los Zephyrine, quienes desempeñaron activamente un rol positivo en mi niñez: gracias por los recuerdos hermosos y por echar raíces.

A la tía Mel, Lauren y Frankie: recuperamos el contacto justo a tiempo. Los quiero a todos.

A Millie Scarlet, mi amiga más longeva y la abuela que nunca tuve: ¿dónde estaría sin tus plegarias? Todas las noches, desde que tengo memoria, llamabas a mamá a eso de las diez de la noche para desearle buenas noches y rezar juntas. Eres el mundo para mí. Gracias por tu sabiduría infinita y por recordarme que no hay nada nuevo bajo el sol. Te quiero.

A Carol Brooks, mi madrina: gracias por hacer que mamá se sintiera vista, escuchada, considerada y querida. Eres la hermana que nunca tuvo. Es un lazo tan bello. Gracias por ser una amiga excepcional. Te quiero.

A Audrey Brothers, la amiga que mamá tuvo por más tiempo: durante toda mi vida te vi ofrecer cariño a través de los actos más gentiles de comunidad y apoyo. Sigue siendo gentil contigo misma. Lo estás haciendo bien. Te quiero.

A Lincoln Beckford y Enid Saunders: ambos son la amabilidad personificada. Enid, gracias por tu apoyo y los esfuerzos que has hecho por nuestra comunidad durante tantos años. Lincoln, el programa juvenil que organizaste en las vacaciones de 2005 hizo posibles amistades que han perdurado a lo largo de dos décadas. Te agradezco por ponerme en contacto con quienes ahora considero la familia que escogí, los amigos que se convirtieron en una parte integral de mi vida.

A Frank y Diana Solomon: gracias por ampliar constantemente mis horizontes, rezar por mi vida, darme tanto, apoyarme en todo momento y recordarme soñar en grande siempre. Salmo 91.

Al pastor William e Yvonne William: gracias por crear una iglesia y una comunidad tan bellas y darle a mamá un espacio de adoración seguro. Gracias por su apoyo y por estar siempre en contacto.

A Alan Roberts: tu corazón siempre quiso lo mejor para mí. Me diste consejos profesionales, apoyo infinito y una inquebrantable tenacidad. Desearía haberte escuchado antes. Por fortuna, todavía puedo crecer.

A Jermaine y Rochelle: contra toda probabilidad, nos ha ido bien, ¿no es así? LOL.

A mis chicas: Ketema, Bianca, Raythe, Muna y Gee. Gracias por vivir la vida a mi lado. Espero que lleguemos juntas a la vejez. Las amo siempre.

A Chanelle y Kingsley: gracias por todos los años de apoyo, aliento, oportunidades, consejos, presentaciones y, lo más importante, su amistad. Los amo.

A Malanda J. C., Rachel Wolchin, Sonya Teclai, Qiya y Dulce Ruby: amor más que infinito.

A Krippy y J.: «Un árbol necesita tiempo para crecer».

A Jamala Osman: me enseñaste a serme fiel, lo que me permitió entrar a un mundo nuevo. Siempre te lo agradeceré. Nunca dejes de ser abundante contigo misma.

A Hussain Manawer: honestamente, creo que nadie trabaja tanto como tú. Me inspiras más de lo que las palabras pueden expresar. El original Niño de Mamá está transformando el mundo, un paso a la vez.

A Tomi Olarewaju: siempre creeré que Dios te envió, y juro honrar y valorar para toda la vida cualquier obsequio de Dios. Siempre estaré para ti. Gracias por recordarme lo que se siente ser querida, vista, escuchada y apreciada de forma genuina.

A Michael y Steve: nos conectó un alineamiento divino. No estaría aquí sin su apoyo. Gracias por darme tanto y ayudarme a ponerme de pie. Me hubiera gustado que conocieran a mi mamá. Me siento bendecida y honrada por tenerlos en mi vida. Gracias.

A mi agente, Tim Moore: recuerdo caminar por Baker Street imaginando justo este momento. Tu dedicación para hacer realidad este sueño ha sido excepcional. Sin duda, eres el agente que todo escritor desearía tener a su lado.

A Wale Kalejaiye: una década nutriendo sueños y viéndolos crecer. Ha sido un viaje increíble de profundidad y transformación. Sabías que necesitaba hacer esto, atreverme por fin y tener el valor de compartir esta historia. Gracias por tu paciencia y tu apoyo, y por ser una fuente de fortaleza, en especial en los momentos en que todavía estaba poniendo todo en su lugar. Admiro tu tenacidad y rezo para que sigas teniendo éxito en todo lo que te propongas. Gracias por ser la base de este viaje y por hacer realidad todo lo que imaginamos. Gracias por ser mi amigo.

A Becky y Vimbai: gracias por ser una parte integral de este viaje. Gracias por su dedicación y experiencia para transformar la esencia de este libro en algo verdaderamente mágico.

Agradecimientos

A mi editora, Kezia Bayard-White: creo que la sinergia fue la base de nuestra colaboración. Desde los primeros pasos de este viaje y en cada momento posterior, fomentaste un espacio enriquecedor que me permitió sumergirme por completo en este proyecto. Gracias por alentarme, por las reuniones en la cafetería, por tu inquebrantable firmeza cuando todo se complicaba y por retarme continuamente a llegar más allá de mis propios límites. Tu dedicación es un testamento del espíritu de Hay House. Te agradezco sinceramente por todo.

A todo el equipo de Hay House: gracias por ofrecerme un espacio cálido y acogedor para mi historia. Ser parte de la familia Hay House, donde han abrazado y respaldado mi viaje, es un honor que llena de gratitud mi corazón.